弱者でも勝てる モノの売り方

ストーリーで丸わかり

お金をかけずに売上を上げる
マーケティング入門

マーケティング戦略コンサルタント
上杉惠理子
Eriko Uesugi

ぱる出版

PROLOGUE

マーケティングの「マ」の字も知らない店主エミ

「なんでお客さんが こないのーーー!?」

エミは思わずカウンターで、叫んでしまいました。

桜がほころぶ３月も後半ですが、年明けから曇りがちだったせいか、満開にはほど遠い今年の桜。

　ここは都心から電車で４０分ほど、郊外の駅前商店街にある喫茶店ワーグナー。

　３階建ビルの１階にあるワーグナーは、レンガ造りの外壁が目印です。

ワーグナーが開店したのは、今から18年前のこと。

　当時52歳だったエミのおじいちゃんが、長年勤めた学校の先生を辞め、おばあちゃんと夫婦で始めたのがこの喫茶店です。おじいちゃんのこだわりコーヒーと、おばあちゃんの手作りケーキが＜お店の売り＞で、地元では知る人ぞ知るお店でした。

　ところが半年前の夏、おじいちゃんは心臓の病気でぽっくりと天国へ。残されたおばあちゃんは、ショックも大きいようで、

「私、ひとりじゃムリよ…続けられないわ…」

　そう言ってお店を休んでいました。

そんなおばあちゃんとお店の様子を知ったエミは「私が
お店を復活させる！」と宣言。

　物心ついた時から、エミにとってワーグナーはもうひと
つの家。毎日のように、学校帰りに寄っていた思い出の場所。
存続の危機を、黙って見ているわけにはいきません。

　それまで働いていた都内のカフェを年末で退職、「おじい
ちゃんとおばあちゃんのお店は私が守る〜！」と気合いいっ
ぱいで、お正月明けからワーグナーを再開したのですが…

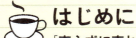
はじめに
「売らずに売れる」状況を創るのがマーケティング

　本書は、新米店長エミが潰れかけの自分の喫茶店を回復させるストーリーを通じて、マーケティングの基礎を学ぶ入門書です。
　マーケティングに興味があるけれど、「難しそう」「自分には関係ない」と思って、後回しにしてきた人は多いのではないでしょうか？
　しかし、マーケティングとは本来、とてもシンプルなもの。子どもでも理解できるほどわかりやすいものです。できる限り専門用語や難しい理論は省き、「これでもか！」というくらい優しく書いたのが本書の特長、その①。
　また、マーケティングとは本来、商品・サービス（モノ）を売っている全てのビジネスパーソンが身につけるべき知識。特に、マーケティング・セールス・企画・商品開発・広告・宣伝などに関わる人はもちろん、経営者や個人の事業主・実業家には必須の知識です。しかも、事業規模の大きい・小さいを問わず、役立ちます。
　モノが売れない今の時代、圧倒的な資金力で広告をガンガン出したり人海戦術的に営業を回らせたりできる「強者」なんてごくわずか。その多くがエミのように元手に乏しい「弱者」のはず。
　でも、資金が乏しくたってマーケティング次第で、ビジネスは本当にラクに、楽しくなります。効果的なマーケティングができれば、規模が小さくても、知名度がなくても、値段が高くても、お客様と出会うことができます。
　エミのような「弱者」が、どんな状況にいてもマーケティングを実践できるよう、たとえばSNSなどのように「お金をかけず、売

上を伸ばせるモノの売り方」にしぼって紹介しているのが本書の特長、その②になります。「弱者が強者に打ち勝つための、武器としてのマーケティング」これが本書のコンセプトです。

　下りエスカレーターのように見える「斜陽」業界にいても、マーケティングを実践すれば駆け上っていける、と私は信じています。

　さて、マーケティングとは何ですか？　という質問に対して、必ず引用される言葉があります。その言葉とは、経営学の大家ピーター・ドラッカーが著書『マネジメント』で語った次のセリフです。
「マーケティングの理想は、販売を不要にすることである」
　販売・営業は、売り手からお客様に「買ってください」と売りこむこと。一日中電話をかけたり、一日中街を歩いて訪問したり…営業の仕事は体力的、精神的にツライと、ネガティブなイメージを持ってはいませんか？

　そんなムリな販売・営業をせずに、お客様のほうから「あなたの商品を買いたいです」「売ってください」と言ってもらえる状態を創る「全ての活動」がマーケティングです。「マーケティング」と聞いて、よく想像される「市場分析」的なことは、この「全ての活動」の一部にしかすぎません。効果的なマーケティングができると、プラスの状況をたくさん創り出せます。たとえば、次のようなこと。

・お客様が自ら買ってくれるので、お客様と良好な関係を築ける
・自社の商品・サービスが口コミで広がる
・広告や営業にかかる経費を削減できる
・価格競争に巻き込まれず、売りたい価格で売れる
・利益確保により新商品開発・人材育成・事業拡大に投資ができる

はじめに　11

あなたの会社やお店がこんな状況になったらとても素敵だと思いませんか？　仕事が楽しくなり、お客様も、あなたも、あなたの元で働くスタッフも、皆に幸せが広がることになると思いませんか？

　私がかつて勤めていた星野リゾートも、マーケティングにチカラを入れてきました。しかも、軽井沢の１軒の温泉旅館で、現在のような規模も認知度もなかった時代からマーケティングを取り入れてきました。**効果的なマーケティングを実践し続けているからこそ、軽井沢のイチ温泉旅館が、日本全国から世界に何十施設も持つ企業に成長している**、と私は思っています。

　マーケティングは勉強したら勉強した分だけ、ライバルと差をつけることができます。なぜか？　冒頭で述べたとおり、「難しそう」「自分には関係ない」と身につけず、実践しないままでいる人が多数だからです。本書を手にとってくださったあなたは、これを機にエミと一緒にマーケティングを学びませんか？

　物語を読んだあと、**あなたが売るモノは、あなたが思う以上に無限の可能性を秘めていることに気づくはず。隠されていたあなたの「強み」をきっと発見できる**はずです。「ウチに強みなんてないよ」などと思わないでください。本当にダメだったら、とっくに淘汰されてなくなっていますから。逆説的な言い方になりますが、今の時代その多くが弱者かもしれませんが、**本当の弱者はビジネスの世界に存在しえない**のです。

　「売らずに売れる」状況は、誰でもマーケティングで創り出せます。

　前置きはここまで。苦境に立たされたエミは１章で、①メニューの値下げ、②タウン誌への広告出稿、③人件費の削減を断行しますが、これらはマーケティング的にどんな効果をもたらすのでしょうか？　それでは、マーケティング物語のはじまり、はじまり〜。

CONTENTS

第1章 店主エミがやらかした マーケティング的にマズい3つの行動とは？

1日の来店者数は7名、売上は5450円 ·· 018

そっか値段が高いんだ！ ··· 019

意味があったの？ 10万円の広告費 ·· 020

家賃がピーンチ！ さらばパートのサガミさん ······················ 021

📖 **マーケティング授業　1限目**

やってはいけないモノの売り方トップ3 ·························· 023

その1 理由なく値下げを行う／**その2** 思いつきの広告を出す
／**その3** とりあえずスタッフを減らす

第2章 喫茶店ワーグナーの「強み」を 3C分析で掘り起こす

マーケティングの達人？　星さんの来店 ······························ 028

【自社・顧客・他社】3C分析はどこから考える？ ·········· 030

エミ、お店の過去を知ることで自社の「強み」を知る ··· 033

かすかに見えてきたバリュープロポジション ····················· 035

📖 **マーケティング授業　2限目**

「自社」スタートの3C分析で
バリュープロポジションを創る ·································· 038

プロダクト志向からマーケティング志向へ／3C分析を使いこ
なす2つのコツ／　**その1** バリュープロポジションを考える
／**その2**「自社」から考える／「自社」スタートの3C分析で生

まれたヒット商品の例

第3章　STP分析で見つけたエミの理想のお客さん

セグメンテーションで見えてくる未来のお客さん ……… 044

ワーグナーに来てほしい、未来のお客さんはこんな人 048

ターゲティングは、
知っているひとりの顔が浮かぶまで ……………………… 052

ポジショニングで決めるワーグナーの立ち位置 ………… 055

📖 マーケティング授業　3限目

誰にどんな価値を届ける？
STP分析を使いこなすコツ3つ ……………………… 057

その1 セグメンテーションはデモフラフィックで／その2
ターゲティングは思い切って狭く／その3 ポジショニングは軸
で決まる

第4章　4P分析で
ワーグナーのすべてをお金に換える

ポジショニングマップでお店の魅力を再確認！ ……… 064

「商品」作りを4P分析でとらえなおす ……………… 066

ワーグナーを4つのPで大改革！ …………………… 070

📖 マーケティング授業　4限目
4P分析で商品の枠を広げてみよう ………………… 076

Product ／ Price ／ Place ／ Promotion

📖 補講

プロモーション 2つの戦略 〜アドとパブ〜 ·············· 079

アド：advertisement（広告）／パブ：publicity（広報）

第5章　資金ゼロからのSIPSプロモーション戦略

新しいお客さんはインスタから ······························ 082

お客さんの気持ちと行動から作る
プロモーション戦略 ··· 084

SIPS的プロモーション戦略とは？ ····················· 087

売り込みにならない、魅力の伝え方 ···················· 090

お客さんが「参加」できる仕掛けをどんどん発信 ······· 093

📖 マーケティング授業　5限目

消費者がモノを買うときの3つの消費者行動モデル ··· 095

その1 昔ながらの基本モデル AIDMA／**その2** インターネット
時代の AISAS／**その3** SNS 時代の派生モデル SIPS／自分の
業種に活用するときの3つのポイント

第6章　クロス SWOT 分析で
「弱み」を「強み」に変える

ワーグナー復活！と思ったら… ····························· 104

レコードブームにワーグナーが埋もれていく？ ······· 105

SWOT 分析で、
ワーグナーの「強み」を掘り起こす！ ···················· 107

次の具体的な戦略が生まれる
クロス SWOT 分析とは？ ……………………………… 111

📕 マーケティング授業　6限目

マーケティングの罠、コモディティ化の恐ろしさ ……… 115
他社追随によるオンリーワンの陳腐化／コモディティ化を打
破した星野リゾート「トマム」の例

📕 補講

コモディティ化を打破する
SWOT 分析・クロス SWOT 分析 ……………………… 118

第7章　マーケティングに終わりなし
進化し続けるためのツール

お客さんが主役になるお店にしよう！ ………………… 122
大盛況に終わった「1DAY 音楽コンダクター」 ………… 124
ワーグナーは、レコードを通じた新しい交流の場に…… 128
マーケティングの " 終わり " は次の " はじまり " ……… 129
利益は未来のお客さんへのギフト ……………………… 132
未来のお客さんのために、今、伝えるべきことは何？　134

📕 マーケティング授業　7限目

マーケティング・ホイールで、進化し続ける……………… 136

第1章

店主エミがやらかした マーケティング的にマズい 3つの行動とは？

追い込まれたとき
多くの会社がとる最悪の選択

1日の来店者数は7名、売上は5450円

　エミは眠い目をこすりながら朝6時にお店にやってきます。
　壁に埋め込まれた木製のずっしりとした扉を開けると、手前の窓側に4人掛けテーブルが3つ、店の奥にカウンター席が6席の小さなお店です。
　黒に近い深い茶色の木の椅子とテーブル、カウンター向かいの本棚に並んだ古い全集、壁に掛けられたモノクロの山の写真。昭和レトロな雰囲気の店内に、ふたつの半円の窓からほんのりと陽の光が差し込みます。
　おじいちゃんがいたときと同じように、ワーグナーの窓を開けて掃き掃除をして、コーヒー豆を挽いて、開店の準備。モーニングの営業が始まる7時に入口の札を「CLOSE」から「OPEN」にひっくり返します。

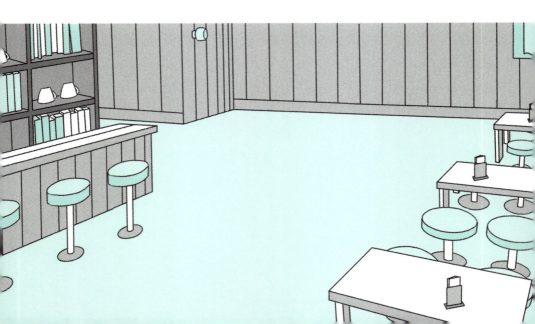

…しかしエミがお店を開けても、お客さんはなかなか来てくれません。

　この日の朝のお客さんは、出社前のサラリーマンがふたりだけ。ランチタイムは女性2人組が1組と男性の1名客がふたり、夕方閉店の17時までのティータイムはご近所のおじいちゃんがひとり、コーヒー一杯で3時間ほどぼーっと過ごしていきました。

　結局この日の来店者数は7名。売上は5450円…！　おじいちゃんがいたときからランチタイムに手伝いに来てくれている、パートのサガミさんのお給料を払ったらほとんど残りません…！

　このままでは、お店が潰れてしまうのは時間の問題です。
「どうしたらいいんだろう…」とエミは頭を抱えます。

そっか値段が高いんだ！

「なんでお客さんが来てくれないんだろう？　駅前にある、全国チェーンのトロールコーヒーはいつも混んでいるのに…」

　トロールコーヒーは、220円。都内に何店もある、ちょっとおしゃれなムーンバックコーヒー でも、300円ほど。喫茶店ワーグナーでは、ブレンドコーヒー450円、カフェラテ500円。

「そうか！　値段が高いんだわ」
　エミはコーヒーの金額を450円から350円に100円値下げをすることに決めました。

安易な値下げは、不信感を買って逆効果

「値下げしました！」とポスターも貼り出しました。…しかし、常連のお客さんが頼んでくれるだけで、結局売上は上がるどころか下がってしまうことに。しかも、

「コーヒー豆変えたの？」

と聞かれてしまい、「そんな…コーヒー豆はこれまでと同じものを使っているのに…」とエミはショックを受けてしまいました。

意味があったの？　10万円の広告費

せっかくのコーヒーの値下げがうまくいかず、がっかりしていたところ、ちょうどやってきたのが、地元のフリーペーパー広告の営業 森田さん。

「こんにちはー！　ワーグナーのご主人が亡くなられたと聞いていましたが、営業を再開されたのですね！ ご商売は順調ですか？」

「はい…いろいろやってみてはいるのですが、お客さんが増えなくて…」

エミは森田さんが話を聞いてくれるのが嬉しくて、つい弱音も吐きつつお店の状況を全部話してしまいました。

「それは大変ですよね…！　エミさん、そしたら地元密着のフリーペーパーに広告を出しませんか？　みんなに知ってもらえれ

森田信人 (33)
営業のノルマがきつくて、
2年前胃潰瘍になった。

ば、来店者数が増えますよ！」

　そう言って森田さんは、先月号のフリーペーパーを広げて説明してくれました。

「そういえば前に働いていたカフェも雑誌で紹介されて、お客さんが増えて忙しくなったって言ってたわ。これにワーグナーが載れば、新しいお客さんもたくさん来てくれるはず！」

　とエミは大喜び！　思い切って10万円の広告にサインをしました。

　そして3週間後…ワーグナーの広告が掲載されたフリーペーパーが駅や商店街に置かれました。しかし、フリーペーパーを見て来たというお客さんは1日1組いるかいないか。

　そうこうしているうちにあっという間に、**フリーペーパーは次の号と入れ替え**になってしまいました。

家賃がピーンチ！　さらばパートのサガミさん

　エミがお店を手伝うようになって3ヶ月。大家さんがお店にやってきました。

「お店の家賃の入金がないんだけど…」

　そう、ついに家賃の支払いまで困る事態に…！

　なんとか家賃だけでも払わなければと経費を計算するエミ。とはいえ、節約できるところはもう節約しています。**経費で下げられるところは、人件費のみ。**

第1章　店主エミがやらかしたマーケティング的にマズい3つの行動とは？　21

佐上道代（54）
実はみのもんた好き。
みのさんの完全復帰を
望むが、公言はしない

　ランチタイムに週3回パートとして働いてくれている、ご近所の主婦サガミさんのお給料を払う余裕はすでにワーグナーにはありません。ある日エミは、ランチタイム後のお客さんがいない時間に、思いきってサガミさんに話しかけます。

「サガミさん、おじいちゃんがいたときから今まで、本当にありがとうございます。実はお店が厳しくて、お給料をお支払いするのも大変なのです。来ていただくのを今月いっぱいにしていただけますか？」

　サガミさんは一瞬悲しそうな表情を浮かべましたが、次の瞬間には笑顔を浮かべて
「お店が厳しいのはわかっていましたよ。こちらこそ今までお世話になりました。エミちゃん、がんばってね」
と言ってくれました。お店を出て行くサガミさんの背中が、エミの頭にずっと残り続けるのでした。
　サガミさんが来なくなり、エミはひとりでお店に立つ時間が増えました。お客さんの数は増えず、年配のお客さんとの会話も増えず、もともと薄暗い店内は昼間にもかかわらず、さらに暗く感じます。

「なんでお客さんがこないのーーー？」

　エミは思わずカウンターで、叫んでしまいました。

マーケティング授業 1限目

やってはいけない モノの売り方 トップ3

喫茶店ワーグナーをなんとか復活させたい！ と想いを持っているのに、エミがやってみたことはどれも上手くいきませんでしたね。

エミが良かれと思って行ったこの3つの売り方

1）理由なく値下げをして売る
2）思いつきの広告で売る
3）スタッフを減らして売る

これは実は、やってはいけない売り方のトップ3なのです。

その1 理由なく値下げを行う

売上が思うように上がらないとき、同業の他のお店と比較し「自分の商品の値段は、高いのかな」と心配してしまうことはありませんか？

利益に余裕など無いのにもかかわらず、他社の商品と値段だけを比べて値下げをしてしまう。これがやりがちな「やってはいけない売り方」の代表例です。

お客様は値段以上の価値を商品に感じたときにお金を支払います。**理由のない値下げは、商品の価値を下げるだけ。**

値上げにも理由は必要ですが、**値下げの方がよりしっかりした理由が必要**なのです。

1限目 やってはいけないモノの売り方 トップ3 **23**

エミのように 100 円ほど値下げただけで、新規のお客様が増える
ほど甘くはありませんね。さらに既存のお客様に「お得」よりも、
商品の価値が下がったと感じさせてしまいました。

その2 思いつきの広告を出す

「広告を出せば、お客様が増える！」

そう思ってはいませんか？ フリーペーパーやガイドブックへの
広告は、魅力的に感じるかもしれません。

しかし、あなたが顧客の立場だったら、と思い返してみてくださ
い。今日一日街を歩いて、広告で覚えているものはありますか？

無料だからといって、フリーペーパーを受け取りましたか？

情報があふれている現代社会では、**広告で新規のお客様の心を掴
むことがいかに難しいかを肝に銘じましょう。**

広告を見てもらうだけでも大変なのに、1 回の広告でお店を覚え
てもらい、さらには来店し購入してもらうなんて、とても確率の低
い難しいことなのです。

その3 とりあえずスタッフを減らす

利益は、売上から経費を引いたもの。

売上が上がらない中で、利益を出そうとすると、「経費を下げる
しかない！」と考えがちです。経費には、家賃や光熱費、食材原価、
紙ナプキンなどの消耗品、そしてスタッフの人件費。明らかなムダ
を削り経費を下げることはもちろん必要。

そして、経費で大きなウェイトを占めるのは人件費です。経営が
苦しくなると、人件費を下げればなんとかなる、と考えがちです。

しかしながら、モノがあふれる現代では、**何を売るか以上に、誰が売るかの方が大切**なのです。

　メニューがおいしいとしても、接客の悪い店員がいる食べ物屋さんに行きたいと思いますか？　逆に味はそこそこでも、笑顔で気配りのできるスタッフがいたら足を運んだりしませんか？

　後の4P分析のところで詳述しますが、消費者は商品そのものだけにお金を払っていません。スタッフの接客、お店の雰囲気、もろもろコミで「商品」なのです。

　商品があふれる今の時代、多くの会社やお店でスタッフ採用・スタッフ教育がますます重要となっています。エミのような状況下で**経費削減だけを目的に、スタッフを解雇することなど絶対にやってはいけない売り方**なのです。

上杉惠理子
本書の著者。
元・星野リゾートマーケティング部所属。独立後は、「和創塾」を立ち上げるほどの着物好き。

1限目　やってはいけないモノの売り方トップ3　25

マーケに使える SNS ❶

Facebook は "無料 CM" として使いこむ

〈画像、顔と人柄、【タイトル】、1 投稿 1 テーマ、平易で短く、改行、詳細リンク〉

　シェアやタグ付け機能によって、友達の友達へどんどん情報を拡散できることが特徴です。広く知ってもらうためにとても効果的なツールで、CM のような効果があります。
　一方で、新情報が多く、過去の情報に遡りにくいという特徴があります。また直接売り込みをするビジネス寄りの投稿をすると、読者にも Facebook そのものにも嫌われれるので注意です。

　＜マーケティングで使うポイント＞
- いいね！ をもらうために、パッと目を引く画像を用意する。
- 平易な文章で短く（1 投稿につき 1 テーマ。改行も大事！）
- 冒頭に、【　】でタイトルを入れると読みやすくなる。
- モノだけでなく、売り手の顔や人柄も出す。
- コメントをもらったら、コメントを返す。
- 「もっと知りたい！」と思ってくれた人のために、詳細情報が書かれた HP やブログのリンク先も載せる。

第2章

喫茶店ワーグナーの「強み」を3C分析で掘り起こす

自社のこだわりが意外なヒット商品を生む

マーケティングの達人？　星さんの来店

　薄ピンクの桜の花びらが風にのって、隣の小学校の校庭からワーグナーの前を通り過ぎます。春うららという言葉がぴったりな日なのに、お店の中でエミはひとり、お客さんを待ちます。

　からんからーん。
　ワーグナーの重い木の扉が開きました。
「いらっしゃいませー！」
　エミは気を取り直して、元気に声を出します。入ってきたのは、デニムに黒いTシャツの上にジャケットというラフな服装の男性。年齢は30代後半くらいでしょうか。エミが声をかける間もなく、迷わずカウンターの端の席に座ります。
「コーヒーをお願いします」

　胸ポケットからスマホと手帳を取り出し、何やら忙しそうに手を動かしています。エミは初めて会うお客さんですが、前にもワーグナーに来たことがある様子です。

　エミはドリップ用のペーパーをセットし、朝の開店前に挽いたコーヒー豆を入れます。コポコポ…ケトルのお湯が沸いたら、ゆっくりとコーヒー豆に注いでい

星幾三（38）
マーケティングに詳しいが、職業は不詳。友達とカラオケに行くと勝手に「俺ら東京さ行ぐだ」を入れられるのがイヤだったが、最近は諦観している。

きます。ふんわりと豆の泡が膨らんだら手を止め、泡が落ち着いたら再びケトルを傾けます。丁寧に手でドリップする方法は、おじいちゃんのこだわりでした。お湯であたためたカップに、淹れたてのコーヒーを注ぎ男性の前に置きます。

　男性は軽く会釈をして、カップを手元に引き寄せます。

「うん、おいしい。マスターが亡くなったと聞いて心配していたんですが、またこのコーヒーを飲めて嬉しいです」

　その言葉にエミも初めてのお客さんに接する緊張が解け、笑顔が戻ります。

「ありがとうございます。作り置きはしちゃいけないよとか、泡が落ち着くまで待つから美味しいんだよとか、淹れ方は祖父からうるさく聞かされていました。ワーグナーには前からよく来てくださったんですか？」

「はい、この半年は海外にいて来れなかったのですが、こっちに住み始めた５年くらい前からかな。よくおじゃましています。あなたがお孫さんのエミさんですね。マスターがいつも話していましたよ」

　星です、と男性は名乗りました。

「あなたがこのお店を引き継がれたのですか？」

　星さんはコーヒーを片手に聞きます。

「引き継いだというか…おばあちゃんひとりでは続けられないと言うので」

「それは良かった。マスターも今頃安心していることでしょう」

「いえ、そうでもないと思います…」

　エミの顔から、笑顔が消えてしまいました。

「このままだとお店を続けられないかもしれません」

　初めて会った星さんに、エミはこの3ヶ月のことを話しました。コーヒーの値段を下げたこと、広告を出してみたこと、それでもお客さんは増えず、パートさんに辞めてもらったこと。そして、来月の家賃が払えるメドすら立たないこと。

「いろいろやってみたのですが、もう終わりかなって」

　涙が出ないよう、目をパチパチとまばたきをしながら、エミはなんとか笑顔を作ります。

【自社・顧客・他社】3C 分析はどこから考える？

「それだけですか？」

「え？」

「エミさんはまだ、始めてもないですよ」

　エミはびっくりして、星さんを見ます。星さんはニコニコしながら言いました。

　コーヒーが入ったカップを片手に、星さんは続けます。

「つまり、お客さんを増やしたいということですよね。もっとワーグナーにお客さんを呼んで、コーヒーやケーキやランチを売りたい、ということですよね？」

「はい。でも、私には何からしたらいいのかわからなくて…」

　エミが悲しそうに答えると、「仕方ないなぁ…マスターにはお世話になったからなぁ」と、星さんは、カウンター横に置いてあった

紙ナプキンを一枚とり、ペンを持ちました。

「やれることは山のようにあります」

　星さんはまず、紙ナプキンに丸をひとつ書き、丸の横に「自社」と書きます。
　「お店をやるということ、当たり前ですが、ビジネスですね。ビジネスでまず考えることは、自分たちが何を提供したいか、ビジネスへの思いやこだわりです」
　星さんは最初の丸に一部重なるように丸をもうひとつ書きました。
　「自分たちがお客さんにぜひ提供したいことがはっきりしたら、それがお客さんが求めていて喜んでもらえることか、考えます」
　そう話しながら星さんは2つ目の丸の横に「顧客」と書きました。
　そしてさらに、上に2つの丸に重なるように三つ目の丸を書き、「他社」と書きます。
　「自社が提供したいこだわりと、お客さんとのニーズが重なり、競合他社がまだやっていないこと、ここがこのお店の商品です」
　星さんは自社の丸と顧客の丸の2つだけが重なったところを塗って、「売れる商品・サービス」と書きました。

「ここがバリュープロポジションです」

　星さんはペンを置きました。

第2章　喫茶店ワーグナーの「強み」を3C分析で掘り起こす　31

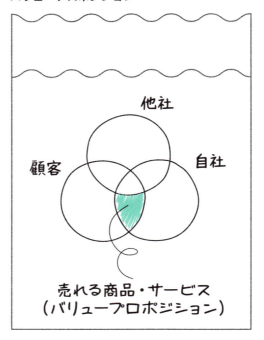

自社だけが提供できて、顧客が求めている部分がバリュープロポジション

「エミさんは競合他社のことから考えて、コーヒーの値段を変えてしまった。バリュープロポジションを創出するには、考える順番が大切です。まず、自分のお店が何を提供するのか、商品をちゃんと考えましょう」

「商品をちゃんと考える?」

「はい。それには自社の歴史を振り返るのが効果的です。マスターは、つまりエミさんのおじいさんは、このお店をなぜ出したかったんでしょう? このお店でおじいさんが、お客さんに伝えたかった

ことがあるんじゃないですか？ ただ、何でもいいから喫茶店を開いたわけではないと思います」
「祖父は人一倍、こだわりのある人でした」
「まず開店当時のことを、ご家族に聞いてみてください」
　星さんはそう言うと残りのコーヒーを飲み干し、ごちそうさまです、とお金を置いてお店を出て行きました。

エミ、お店の過去を知ることで自社の「強み」を知る

　エミはその日、夕食を食べながらお母さんに聞きます。
「ママ、ちょっと聞きたいんだけど、おじいちゃんとおばあちゃんは、なんでワーグナーを始めたの？」

松本恵以子（52）
「恵子」より「恵以子」のほうが画数占い的によかったらしくこの名前になった。でも、結婚して姓が変わったので、その場合どうなんだろう、と疑問に思ったり、どうでもよかったり。

「どうしたの？ 突然」
「そういえばちゃんと聞いていなかったと思って」
　エミのお母さんは、祖父母の長女。
「おじいちゃんの口癖だったからねぇ。いつか教員なんてやめて、お店をやるんだ！って」
「おじいちゃんって、学校の先生だったじゃない？ 接客とか苦手そうだけど」
「でも、人を家に招くのは好きだったのよ。よく同僚の先生や生徒さんを家に招いて、夕食をご馳走して、音を聴かせてたわよ」
「音？」

第2章　喫茶店ワーグナーの「強み」を3C分析で掘り起こす　33

思わず、エミの手が止まります。
「レコードよ。おじいちゃん、クラシック音楽が好きだったでしょう？　最近は音楽を聴くのもパソコンやスマホだけど、音質にもものすごくこだわっていたのよ。
　書斎に大きなレコードプレーヤーとスピーカーを置いて、夕食を終えるとみんなでその書斎で音楽を聴いていたわ。話し声も聞こえないような大音量でかけるから、書斎の真上にあった私の部屋まで、ずしんずしん音が響くの。先生のスピーカーの音は素晴らしい、って褒められるのが、おじいちゃんは嬉しくてしかたなかったのよ」
　ママは懐かしそうに笑顔で話します。

R・ワーグナー
(享年69)
19世紀のドイツの作曲家。映画『地獄の黙示録』のテーマ曲「ワルキューレの騎行」などで有名。

「なんでお店の名前ってワーグナーって言うの？」
「え？　リヒャルト・ワーグナーよ。おじいちゃんが大好きだった、ドイツの作曲家。私も詳しくは知らないけれど、ワーグナーのオペラは最高だって。自分が死んだら葬式でお経なんて要らない、ワーグナーをかけてくれって昔はよく言ってたのよ。まぁ実際のお葬式では、ちゃんとお坊さんを呼んだけどね」

　エミはびっくり。私、何もお店のことを知らなかったんだ…！
「そのレコードプレーヤーとか、ワーグナーのレコードって今、どこにあるの？」

34

「どこかしら…たぶんおばあちゃんの家じゃないかしら。結局、場所をとるからお店での音楽はCDにしていたのよね。だけどあのお店は音がよく響くよう、内装も工夫していたはずよ」

かすかに見えてきたバリュープロポジション

3日後。営業を終えたワーグナーには、おばあちゃん、ママ、星さんも来て、エミが祖父母の家から運んできたレコードプレーヤーとレコードを囲みました。

エミはドキドキしながら、レコードプレーヤーのふたを開け、レコードを一枚セットします。皆がしんと静まる中、息を整え、ゆっくりとプレーヤーの針をレコードの上に落とします。

星さんがつないでおいてくれたスピーカーから、パチパチと音が聴こえ、ゆっくりと弦楽器の音色が始まりました
「え！　レコードってこんな音がするの？」

初めて聴いたレコードの音に、エミは驚きを隠せません。
「アナログとデジタルの違いだね。久しぶりに聴いたけど、さすが良い音だなぁ」

星さんもニコニコ。
「CDはスピーカーから出た音が耳に入ってくる感じだけど、レ

レコードプレーヤーくん
(46)
「CDなんかにゃ負けませんよ」が口グセ。そのCDすら時代遅れのものになっていることを、彼は知らない。

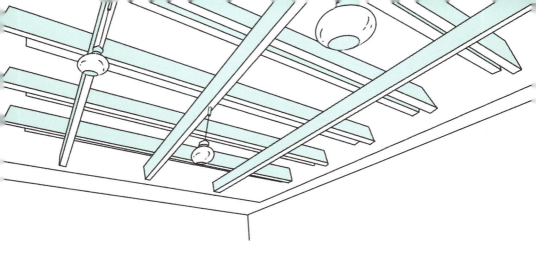

コードは音の振動がそのまま自分の身体に伝わって来るというか、自分が音に包まれている感じがする…！」

　18年前にワーグナーを開店する前に行った、内装工事の図面も見つかりました。
　図面から、壁に吸音素材が入っていること、ワーグナーの天井に貼ってある細い木の棒たちがただの飾りではなく、音を反響させるための工夫だったこともわかりました。
「スピーカーから出た音が、部屋の壁全体を使って響くようにしているんだよね。バイオリンでいうと、弓と弦が当たるところがこのスピーカーで、木箱がこの部屋みたいな」
　エミは、ワーグナーの天井に底力を感じました。
　2曲目を聞きながらレコードについて調べてみると、1980年代にCDに取って代わられたレコードは30年の時を経て再度復活しているとのこと。CDが売れないと言われる中で、レコードの売上

は微増ながらも右肩上がり。若い人気アーティストも CD だけでなく、レコードでも新曲を発売するケースも増えていると知り、エミはびっくりしたのです。

「ワーグナーのお客さんたちにも、おじいちゃんが好きだったレコードの音の響きを感じてほしいなぁ」
　思わずエミは、つぶやきます。
「音楽をダウンロードしたり Youtube で聴いている人にも、レコードの音を聴いてほしい…！　この音楽を聴きながら、コーヒーを飲んでもらえたら、とってもリラックスしてもらえるんじゃないかしら」
　エミの言葉に星さんが笑顔でうなずきます。
「良いじゃないですか。レコードの音楽を通じた、癒しの時間。良いバリュープロポジションになりそうですね」

マーケティング授業
2限目

「自社」スタートの3C分析で
バリュープロポジションを創る

プロダクト志向からマーケティング志向へ

お客様が集まり、「売らずに売れる状況」を創るための活動がマーケティングだと 「はじめに」でお伝えしました。

ではなぜ、「売らずに売れる」ようになるのでしょう？

一言でいえば、お客様がその商品・サービスを 「欲しい」と思うからです。しかも、「ちょっと欲しい」と思う程度ではなく、「絶対にこれが欲しい！」「今欲しい！」と思うから、「売らずに売れる」のです。

つまり、売らずに売れるマーケティングを考えるためには、「お客様が欲しがるものは何だろう？」「お客様が喜ぶものは何だろう？」と顧客視点で考えることが必須です。**お客様の視点から商品や売り方を考えることを 「マーケティング志向」**と言います。

3C分析を使いこなす2つのコツ

マーケティング志向の反対が、プロダクト志向です。

お客様や市場から考えるのではなく、**「自分の商品をどう売るか」と、既存の商品ありきで考えることがプロダクト志向**です。自分の商品・サービスにこだわりを持って生み出し、まるで子どものように愛情があればあるほど、プロダクト志向になりがちです。

星野リゾートの社内教育のひとつとして開催されたマーケティン

グ講座で、代表 星野佳路氏が語っていました。

「自分はマーケティング志向で仕事をしているか？ と考え続けることが大事。僕もいつも自分に言い聞かせているよ」

　小手先の行動よりも、ベースとなる考え方が大切。マーケティング志向は、マーケティングの担当者でなくても全ての社員・スタッフに必要な考え方だと、私は思います。

　エミもおじいちゃんが残したワーグナーをどうするかばかりを考えていましたが、「お客さんが喜んでくれることは何だろう？」と考え始めましたね。

　自分の日々の仕事ひとつひとつを、マーケティング志向でやっているかな？ と見直してみることが大切なのです。

　そのために有効なツールが 3C 分析。3C 分析のコツは 2 つです。

その1 バリュープロポジションを考える

自分のお店　　＝　自社 Company が提供できること
お客様　　　　＝　顧客 Customer が求めること
周りのカフェ　＝　他社 Competitor が提供できること

　これが**マーケティングで考える基本の軸、3C 分析**です。自分のお店でただ商品を作っても、売れるとは限りません。

　自分のお店で提供できる商品やサービスがあり、その商品・サービスをお客様が欲しいと思い、他にその商品・サービスを提供するお店がなくて、ようやく商品は熱烈に求められます。

　41 ページ図の①自社と②顧客の円が重なる部分、ここに位置す

る商品を作ることができれば、その商品は必ず売れます。この部分をバリュープロポジションと言うんでしたね。

その2 「自社」から考える

そして考えていく順番です。

先ほど、マーケティングは「お客様が求めているものは何か」という顧客からの視点が重要だとお伝えしました。そうすると 3C 分析でも、Customer 顧客分析や Competitor 他社分析から始めがちですが、スタートは 自社 Company から考えることがポイント。

自社Companyから3C分析を考える理由は、他にない独自の商品を生み出すためです。みんなが顧客視点だけで商品を作れば、似た商品が並んでしまい差別化できなくなる「コモディティ化」（6章詳述）に陥ってしまいます。顧客視点を入れることと、顧客視点からスタートするのとは大きな違いがあるのですね。

「自社」スタートの 3C 分析で生まれたヒット商品の例

類例のないヒット商品の例として、ここで「苔さんぽ」を紹介しましょう。星野リゾート奥入瀬渓流ホテルの人気プログラムのひとつ「苔さんぽ」は、青森県の国立公園内の奥入瀬渓流沿いを、小さなルーペを持ちながらガイドと一緒に苔観察をしながら歩く、というプログラムです。

「自社」からスタート

この「苔さんぽ」は、奥入瀬渓流ホテルのスタッフのひとりが、奥入瀬渓流エリアの苔のおもしろさにハマり、「お客様にも苔の美

しさを見てもらって、奥入瀬渓流の豊かな森を感じてほしい」とアクティビティプログラムに提案したことがきっかけで生まれました。

2013年のスタート当初は、「地味じゃない？」「苔ってお客様が見たがるのかなあ」という声もありました。当時、東京のオフィスで他のリゾートのマーケティング担当をしていた私も、「え？　苔？　大丈夫？」と思ったひとりでした。

■ 3C分析で考える順番

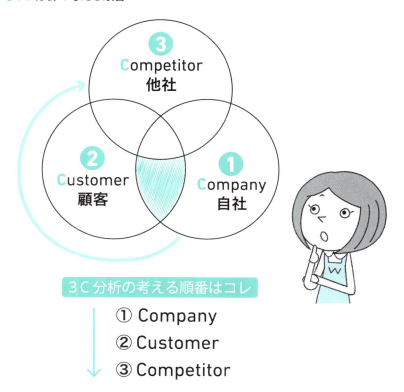

2限目　「自社」スタートの3C分析でバリュープロポジションを創る

しかし、苔好きスタッフの想いから始まった「苔さんぽ」は、実際に体験したお客様から、ルーペの奥に見える「絶景」に「こんな世界もあったんだ」とポジティブなフィードバックが集まり、旅行雑誌などの取材も増えて、現在も人気プログラムになっています。

「顧客」の本当のニーズとは？

ここで大切なことは、旅行者の根本のニーズが、「旅先で新しい体験をしたい、新しい発見をしたい」だったことです。

苔を見るという都会の日常ではまず行わない行為だからこそ、「苔ってこんなにキレイなんだ！」「苔っていろいろな種類があるんだ！」とお客は新鮮な気付きを得て、本当のニーズを満たすことができたのです。

「他社」は当然やってない

「苔さんぽ」は社内でも「え？　苔？」という意見があったほどでしたから、他社ではもちろん実施例がありませんでした。しかも、苔が美しいということは豊かな森である証。そんな豊かな森に旅行で気軽に歩けるエリアは、日本でも稀少です。

　①自社に強いこだわりがある
　②「旅を通じて新発見をしたい」というお客様のニーズと合う
　③他社でやっていない

以上、この 3C のポイントを満たせたからこそ、「苔さんぽ」はヒットした、と私は分析しています。

第 3 章

STP分析で見つけた エミの理想のお客さん

市場を俯瞰し、ターゲットを絞り、
商品の立ち位置を決める

セグメンテーションで見えてくる未来のお客さん

　季節は桜から新緑へ移り、陽の光を浴びてキラキラ光る木の葉に初夏を感じるほどになりました。初めてレコードを店でかけた日以来、エミはお店でレコードをかけています。おじいちゃんの棚からは、クラシック音楽だけでなく、ポップスやジャズのレコードも見つかりました。お客さんが来ない、エミがひとりでお店にいる時間でも、まるでおじいちゃんが一緒にいてくれるように感じて、ちょっと元気になるのでした。

　そんな木曜日の午後。
　からんからーん。
　ワーグナーの扉が開いて、入ってきたのは星さんでした。
「今日はジャズなんですね。レコードで聴くジャズはまたいいなぁ。CDでジャズを聴くと、なんだかトランペットの音がとがって、うるさく感じるんだけど、レコードだと音が丸くなるんですよねぇ」
「星さんは、音楽が本当にお好きなんですね」
　エミはクスッと笑いながら、ケトルを傾け、コポコポ…とコーヒー豆にお湯を注ぎます。
「で、これからどうします？」
　目の前に置かれたコーヒーに、「いただきます」と小さくつぶやいてから、星さんは言いました。
「どうするって？」
「いやいや…レコードを店内でかけておくだけでお客さんが来ると思いますか？」

44

「思わないです。実際、お客さんは増えていないし」

「ですよね。この間話した、3Cの3つの円は覚えていますか？」

「はい。自社、お客さん、他社の3つで考えることですよね。自社のこだわりは、レコードでアナログの音楽を聴かせること。ここまではわかったのですが、このあとどうしたらいいのか…」

「そうですよね。自社＝自分のお店のコンセプトは、見えてきました。次に考えることはお客さんのことです。レコードがかかる喫茶店に来るお客さんのニーズってどんなものだと思いますか？」

「うーん、＜癒されたい＞ ＜豊かな時間を過ごしたい＞ とか、＜音楽にこだわりたい＞とか…」

「そんなところでしょうね。今日は、お客さんのニーズをもっと掘り下げられる武器を紹介しましょう」

　星さんは、カウンターの端に置いてあった紙ナプキンを1枚取り、今日は横に広げて何か書き始めました。

「ワーグナーに来てくれる可能性があるお客さんに、どんな人がいるのか、タイプ別に分けて考えてみましょう。いろいろな切り口があるのですが、まずは**性別、年代、職業、住んでいるエリア**を指標に分けていきます」

　星さんが紙ナプキンに表のようなものを書き始めました。左端に男性、女性と性別の欄、次が学生、サラリーマン・OL、ファミリー（パパ・ママ）、シニアと4つの行がある欄、さらに、近距離（徒歩圏）、中距離（車で15分）、長距離（電車利用）と表を分けていきます。エミはカウンターから乗り出すように、星さんの手元に見入っています。

第3章　STP分析で見つけたエミの理想のお客さん　45

**既存顧客・見込み客を分類することで、
理想のターゲット像も見えてくる**

		〈住んでいる場所〉		
		近距離 (徒歩)	長距離 (電車利用)	中距離 (車で15分)
男性	学生			
	サラリーマン			
	パパ(ファミリー)			
	シニア			
女性	学生			
	OL			
	ママ(ファミリー)			
	シニア			

「こうやって分けてみると、モレ・ダブりなく、客観的に、どんなお客さんが来てくれる可能性があるのか、鳥になった気分でこの社会全体を上から俯瞰できるんです。エミさんはこの図を見て、何か感じたり気づくことはあります？」

星さんが表を書き終わった紙ナプキンを、カウンター越しのエミに渡します。エミはそれを見て、一瞬パッと目の前が明るくなるような気がしました。

「ワーグナーのお客さんは、徒歩圏に住んでいるおじいちゃんや主婦の方が多いと思っていたんですけど…ナプキンを見ていたら、自分が想定していなかったお客さんも来てくれていると思いました」

「そうです。こないだ僕が来たとき、サラリーマンの男性も来ていましたよね。彼はきっと、近くに住んでいる人ではないはずです。

46

こないだのサラリーマン

え、オレ？

山田一郎（35）
プロパンガス卸売会社の営業マン。『ジャンプ』が好きで月曜日はウキウキ。偽名のような名前がコンプレックス。ガスの自由化で都市ガスに乗り換える顧客が多くてつらい。

おそらく営業回りか何かで電車でこの辺りに来て、ランチに寄ったのだと思いますよ」

「お仕事で電車に乗って来ている層を意識しろ、ということですか？」

「仕事じゃなくてもいいんですよ。エミさんは電車に乗ってまで行きたいカフェって今までありませんでした？」

「…代官山とか、自由が丘とか、素敵なカフェにはお休みの日に電車に乗って行ってみたいなぁと思います。雑誌とかネットのカフェ特集とかに載っているお店は気になります。あ、そっか！　ワーグナーが雑誌に載るような素敵なお店になったら、遠くからも来てくれるかもしれないんですね」

想定できるお客さんはこんなにいるんだ

　星さんが書いてくれた表を見ていると、エミはなんだか楽しくなってきました。星さんもニコニコしながら続けます。

「そうですよね。こうして**お客さん層をタイプ別に分けて、客観的に広く考えることをセグメンテーション**と言います。

　<シニア男性で近距離に住んでいる人><男性サラリーマンで長距離に住んでいる人>とか、**このひとつひとつの枠をセグメント、**と言うんです」

ワーグナーに来てほしい、未来のお客さんはこんな人

「とはいっても、全てのセグメントのニーズを満たせるお店にすることは大変ですし、特徴も出づらくなります。どのタイプの人たちにフォーカスするか、次に考えていくんです。それが、マーケティングでいう、ターゲットを絞る、ということなんです」

星さんはエミから、表が書かれた紙ナプキンを受け取りました。

「まずは現状分析から。今来てくれているお客さんはどのタイプか推測して、その人たちの来店目的を考えてみましょう」

「えっと…さっきお話しした、ランチや午後に来るサラリーマンの男性。お仕事の休憩ですよね」

エミはこの1週間、ワーグナーに来てくれたお客さんの顔を思い浮かべていきます。

「ご近所の主婦の方がランチに、ママ友らしいお友達と来てくれました。お友達はお車だったから、駐車場の場所をご案内したんです」

「ということは、すでに来ているお客さんの紹介やお誘いがあると、中距離の少し遠い場所に住んでいる人もワーグナーに来てくれる、ということですよね」

エミと星さんは話しながら、表に書き加えていきます（右上図）。

「ここで少し視点を変えてみましょう、エミさんが目指したいお店像からターゲットを逆算するんです。エミさんはジャズ喫茶って知っていますか？」

「ジャズ喫茶！ 行ったことはありませんが、昔隣駅にありました！ 古そうなお店で、年配の人が行くイメージです」

既存顧客の来店目的、住まい、来店時間帯を書き込んでいく

		〈住んでいる場所〉		
		近距離 （徒歩）	長距離 （電車利用）	中距離 （車で15分）
男性	学生			
	サラリーマン	○朝、仕事前	○ランチ、午後、仕事の休けい	
	パパ（ファミリー）			
	シニア	○午後、時間つぶし		
女性	学生			
	OL			
	ママ（ファミリー）	○ランチ、ママ友とおしゃべり	△ご近所のママの紹介	
	シニア	○午後、時間つぶし		

「1960年代から70年代に、レコードを聴かせる喫茶店が増えたんですよ。マスターも若い頃、通っていたんじゃないかな。レコードと喫茶店、というとジャズ喫茶を思い出す人も多いですね」

「ジャズ喫茶って、今もあるんですか?」

「銀座や吉祥寺に、老舗で有名なジャズ喫茶は残っていますよ」

「そうなんですね…これ私の感覚なんですけど、なんかワーグナーはジャズ喫茶の方向に行きたいけど、行きたくないような」

「お。つまり、どういう方向です?」

「レコードが昔から好きで、おじいちゃんみたいに家にオーディオルーム作っちゃうようなマニアの人に来てほしいわけじゃない、というか…そしたら今より入りにくくなっちゃう。それに、レコードを聴いたことがない人に、聴いてほしいと思うし。音楽は武器にしつつも、レコードのみをメインに置きたくないような」

「入りやすいお店にしたいということですね。そしたら、エミさん

『ジャズ喫茶が熱かった日々』
2015年ぱる出版刊
birdtaki/編
全国31店のジャズ喫茶マスターへのインタビュー集。重版未定。

がワーグナーに来てほしいお客さんってどんな人でしょうね？」

「女性かなぁ」

「女性といってもたくさんいますよ。年齢はどれくらい？」

「私と同じ…20代の人がいいなぁ」

「その人は働いている？」

「音楽を聴いてリラックスしたい人だから…そうですね、お仕事している若い女性」

「その人が住んでいる場所はどこでしょう？」

「まずは、この駅の近くに住んでいて、この駅から出勤しているOLさんに来てほしいな。次は、電車に乗ってでも女性がレコードを聴きに来てくれたらいいな。お店も明るく楽しくなりそう！」

「とすると、この表に加えるべき新たなメインターゲットは？」

「えっと、女性OLさんで近距離に住んでいる方と、長距離の方」

エミの言葉を聞いて、星さんが色ペンで枠を囲ってくれました。

「ワーグナーがある駅周辺には、OLさんって実際に住んでいます？ 僕は、若いOLさんって都内に住んでいるイメージですが」

「もちろん都内に住む方も多いですけど、この辺りに住んで都内に出勤している人って多いと感じています。快特に乗れば都心まで40分ほどですし。私もこっちに戻ってきてびっくりしたんですが、朝と夜の通勤電車はここの駅から人がいっぱいなんですよね。女性専用車両はいつも混んでて」

「そういう実感値は大切ですね。何が言いたいかというと、**そのター**

加えるべき新たなメインターゲット。番号は優先順位。

		〈住んでいる場所〉		
		近距離 (徒歩)	長距離 (電車利用)	中距離 (車で15分)
男性	学生			
	サラリーマン	○朝、仕事前	○ランチ、午後、仕事の休けい	
	パパ(ファミリー)			
	シニア	○午後、ひとり		
女性	学生			
	OL	①	②	
	ママ(ファミリー)	○ランチ、ママ友とおしゃべり	△ご近所のママの紹介	
	シニア	○午後、ひとりかお友達		

ゲットにしたいセグメントに人がいるのか、ボリュームゾーンか、これからも一定数いることを見込めるかどうかも大切なんですよ。

　では、＜若いOLさんで近距離に住んでいる＞人で、具体的に誰か思いつきますか？」

「え？　友達ってことですか？」

「友達でも、すでに来店しているお客さんでも、誰かぴったりな人って思い浮かびますか？　できれば、ワーグナーに来たことがあって、レコードのファンになってくれた人が理想です」

「うーん…誰かいるかなぁ」

「**ターゲティングはたったひとりの顔が浮かぶくらいまで絞ると良いんですよ。**考えてみてください。おっと、そろそろ行かないと」

　星さんは時計を見ると、お金を置いて帰って行きました。

　そういえば星さんって何のお仕事している人なんだろう？　エミはカップを片付けながら、ぼんやりと思うのでした。

ターゲティングは、知っているひとりの顔が浮かぶまで

からんからーん。
「いらっしゃいませー」
　星さんとセグメンテーションとターゲティングの話をした次の金曜日、閉店17時も近くなってきた頃、ワーグナーの扉の鐘が鳴りました。
「エミー！　やっと来れたよー！」
　満面の笑顔でワーグナーに入ってきたのは、エミの小学校からの同級生のアキちゃんでした。

「わー！　アキちゃん、久しぶり！　来てくれて嬉しいなぁ～～」

今池亜希子（22）
好きなバンドはチャットモンチー。好きな飲み物はルイボスティー。お菓子は、タケノコより断然キノコ派。

　アキちゃんは子どものときからクラスのマドンナ的存在。エミの自慢の友達です。
　すらっと背が高く、サラサラのロングヘア。SNSで繋がっているので、近況は知っていたものの、リアルで会うとますますキレイになっていて、いかにも「都会のOLさん」というイメージです。
「エミが戻ってきたって聞いて、すぐに来たかったんだけど、なかなか時間が合わなくて。今日は午後休だったから寄れたの！」
「そうだったんだー！　ありがとう！　嬉しいなぁ！　何か飲む？」
「そうだね、カフェオレをもらおうかな。

この時間に帰ってこれると、電車も空いているし本当にラクー」
「カフェオレね。ちょっと待ってて〜〜」
　エミはウキウキしながら、いつものようにコーヒー豆を用意し、ミルクを温める準備をします。

「ねぇエミ、このお店ってもしかしてレコードかけてる？」
　熱々のコーヒーにミルクを注いでいたエミは、アキちゃんの言葉に「え？」と思わず聞き返してしまいました。
「ほら、昔エミのおじいちゃんの家に遊びに行くと、いつもレコードを聴かせてくれたじゃない？　懐かしいなぁ〜。最近は音楽って言ってもスマホにイヤホンつけて聴くくらいだし、こうやってレコードで聴くとなんだかホッとするね」
　エミはアキちゃんの言葉を聞いて、この３ヶ月ちょっとがんばってきたことが報われたような気持ちになりました。嬉しくて、ちょっと涙ぐんじゃうけれど…ぐっと堪えて、笑顔になります。
「そう言ってもらえて、とっても嬉しい！　おじいちゃんも喜んでるよ！」
　この後、２人はいつもの閉店時間を過ぎても、ずっと話し続けたのでした。

　そして…その夜。
　エミはノートを開き、アキちゃんと話したことを思い出しながら、アキちゃんがどんな人か書き出していきました。

まさにアキちゃんが、ワーグナーに来てほしい理想のお客さん像だと気付いたのでした。

アキちゃんみたいなオシャレで自分と同年代の女性のお客さんにこそ、もっともっとワーグナーに来てほしい！

「そのためには営業時間も変えたいなぁ、メニューも変えたいなぁ」

理想のお客さん像が決まると、そういったアイデアが次々と浮かんでくるのでした。アイデアをノートに書き連ねていたら、いつの間にか深夜。床についたものの、エミの頭の中はフル回転して、その日はなかなか眠れませんでした。

ターゲティングがうまく設定できると、やるべき施策は明確になる

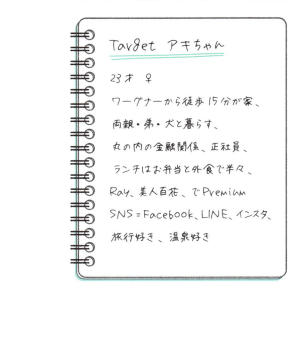

ポジショニングで決めるワーグナーの立ち位置

　翌週、いつも通りコーヒーを飲みに来てくれた星さんに、エミは夢中になってアキちゃんのことを話しました。

「いいですね〜。顔が浮かぶまで、ターゲット像は明確になりましたね。復習です、最初に話した3Cのもうひとつの丸は何でしたっけ？」

「えっと、他のカフェや喫茶店、競合他社です」

「そうでしたよね。**自社→顧客と来たので、次に考えることは競合他社との違いです。**ワーグナーが他のお店とどう違うのか、他と違う何を提供できるのか。

　他社との違いをターゲットのお客さんにはっきりと伝えられ、しかもその違いがターゲットのお客さんのニーズを満たせる。これを考えることを、ポジショニングと言います」

　たとえば、そうだなぁ…と、星さんは手を止め、しばらく考えてからノートを広げ、大きく縦横に十字に線を引き、4つのエリアに分けました。

「エミさん、歯磨き粉って使います？」

「え？　歯磨き粉？　もちろん、使ってます。…って、歯磨き粉がどうしたんですか？」

「歯磨き粉っていろいろあるじゃないですか。歯周病予防のもの、ホワイトニング効果のあるもの、旅行用の安いもの。どの商品も、それぞれ特徴を出そうとしているんですよね。＜歯の汚れが落ちる＞という機能だけでなく、その商品なりの特徴を出そうとしている。

　それを図に表すと…こうなります」

第3章　STP分析で見つけたエミの理想のお客さん　55

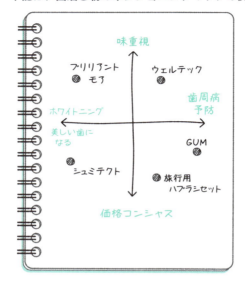

　星さんは、分けられた4つのエリアに丸を書き込んでいきます。
「世の中には、価格の安さを重視する＜価格コンシャス＞の人もいます。一方で、価格が多少高くても、味や機能を重視する人もいます。どんな人に向けて、自社の商品を特化して伝えるか。企業はみんな考えて商品開発をしています。
　コーヒー220円のトロールコーヒーと、300円のムーンバックコーヒー、そして、ワーグナーをこういうポジショニングマップで描いてみてください。**ポイントは、軸を何にするか、です**」
　星さんはいつものニコニコ顔でエミに宿題を出して、それではまた、と言って帰って行きました。

マーケティング授業 3限目 誰にどんな価値を届ける？ STP分析を使いこなすコツ3つ

　3Cでまず自社を分析しコンセプトを決めたら、次に行うことは、どんなお客様に商品・サービスを届けるか、という顧客分析です。マーケティングにおける顧客分析の基本的な考え方が次の3つ。

　　セグメンテーション（Segmentation）　…市場を俯瞰
　　ターゲティング（Targeting）　　　　　…理想のお客様像を決定
　　ポジショニング（Positioning）　　　　…自社の立ち位置を確定

　このマーケティングの3つのフレームワークを、頭文字をとってSTPと呼びます。**3Cと同様、STPにも考えていく順番があります。**

▌顧客分析の代表的なフレームワーク STP分析

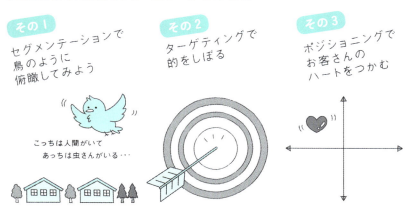

その1　セグメンテーションで鳥のように俯瞰してみよう
その2　ターゲティングで的をしぼる
その3　ポジショニングでお客さんのハートをつかむ

その1 セグメンテーションはデモフラフィックで

まず最初に考えることが、セグメンテーションです。

セグメンテーションには大きく、デモグラフィック（人口統計学的）・セグメンテーションと、サイコグラフィック（心理的）・セグメンテーションがあります。

デモグラフィック（人口統計学的）・セグメンテーションは、星さんがエミに教えた通り、性別、年齢、居住地域、年収、職業、家族構成など人口統計学な指標で、市場のお客様を分けていく方法です。

サイコグラフィック（心理的）・セグメンテーションは、たとえば、「健康志向」「価格重視」など価値観や好み、ライフスタイルなど心理的な指標を設けて、市場のお客様を分けていく方法です。

星野代表は社内のマーケティング講義で「困ったときのデモグラフィック・セグメンテーション」と表現していました。

デモグラフィック・セグメンテーションを行う目的は、モレダブりなく、客観的にお客様を見ること。まず、市場を俯瞰することです。

一方の心理的指標のサイコグラフィック・セグメンテーションはより、お客様のニーズに近いというメリットはありますが、客観的な指標を設けづらいので見落としてしまうセグメントが出がちなのが、デメリット。

エミのような初心者は、まずデモグラフィック・セグメンテーションで未来のお客様全体を見渡してみましょう。

その2 ターゲティングは思い切って狭く

次はそのセグメントの中でお客様像をぐっと絞っていきます。これがターゲティングです。

ターゲティングは思い切って狭く考えることがコツ。あなたがターゲットとするお客様はどんな人なのか、たとえばこんな質問で考えてみてください。

- 性別は？
- 年齢は？（年代ではなく）
- 家族構成は？
- パートナーはいるか？
- 職業は何か？　勤務先はどこか？
- 月収、年収はいくらか？
- 趣味は何か？
- 定期的に読んでいる好きな雑誌は？
- 仕事の日のランチは誰と、どこで、何を食べているか？
- オフの日は誰と、どこで、何をして過ごすか？
- 情報収集のツールは何か？（テレビ、新聞、ネット？）
- よく使う SNS は何か？（Facebook、LINE、Twitter etc）
- 洋服はどこで購入するか？
- （女性なら）化粧品をどこで買うか？
- 一番お金をかけるものは何か？
- 一番時間をかけるものは何か？
- 起床時間、出社時間、帰宅時間、就寝時間などの
  1日のタイムスケジュールは？

既存のお客様の中から「こんなお客様に来てもらえて本当に嬉しい！　こんな方にもっと来てほしい！」と思った人に、ターゲットとなる理想のお客様像としてインタビューするのも一案です。

　また、過去の自分がターゲットになるのであれば、当時の自分を徹底的に振り返って考えてみることも手です。

　具体的なたったひとりの顔が浮かぶまで絞り込むことができると、この後のプロモーション戦略がスムーズに進みます。

その3　ポジショニングは軸で決まる

　自社の商品・サービスを縦と横の軸の中に位置づけて、他社との違いをわかりやすく表現することをポジショニングといい、その図をポジショニングマップと言います。

　自社が提供する価値をわかりやすく魅力的に伝えるポジショニングマップを描けると、ターゲットの顧客層にも明確にメッセージを伝えることができます。

　魅力的なポジショニングマップを作るポイントは軸の取り方にあります。この軸を何にするかがポジショニングの「肝」です。

　例として、家庭用の食器洗い洗剤のポジショニングマップを作ってみましょう。

　まずは、61ページ上図の【ありがちなポジショニングマップの軸】と、下図の【魅力が伝わるポジショニングマップの軸】の2つを比較してみてください。

【ありがちなポジショニングマップの軸】

　よくあるポジショニングマップは、単純に「価格が安い」に対し

▎食器洗い用洗剤　ありがちなポジショニングマップの軸

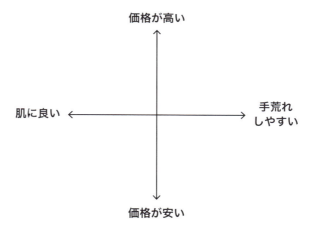

▎食器洗い用洗剤　魅力が伝わるポジショニングマップの軸

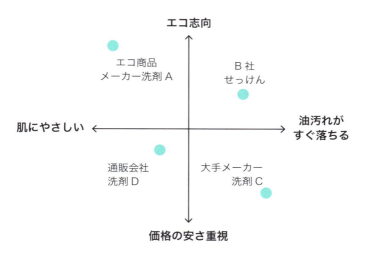

「価格が高い」、「肌に良い」に対し「肌に悪い」という、「A」「not A」の関係で軸をとってしまうことです。これではなぜ価格が高い商品でも売れるのか、肌に悪くても売れるのか、何を求めてお客様が購入しているのかがわかりません。

【魅力が伝わるポジショニングマップの軸】

ポジショニングマップを書くポイントは、**お客様がその商品に求めるニーズを軸にとること**です。食器洗い洗剤の例では、価格が高くても、その分お客様がお金を払う価値は何か、と考えると、自然由来の成分を使った環境配慮商品に、お金を払うお客様がいることがわかります。そこで縦軸の＜価格の安さ重視＞の反対には＜エコ志向＞と取れます。

それでは＜肌に優しい＞の反対側は何でしょう？　肌に負担がかかっても選ばれる理由、それは洗浄力が強く、＜油汚れがすぐ落ちる＞ことです。

こうして軸をとると、各社の商品の違いと、それぞれがなぜ選ばれるのかが見えてきます。そしてさらに大事なことは、**自社商品が4象限のどこかの「四つカド」に位置できる軸を選ぶこと**です。中心寄りに位置する商品は、特徴がなく差別化ができず、売れない商品になってしまいます。

ポジショニングマップは、はじめは納得のいくものを描けないかもしれません。まずは他業界の身近な商品で練習してセンスを磨き、あなたの商品・サービスが「四つカド」を取れる、魅力的なポジショニングマップを描けるようになってください。

marketing philosophy for customers

MARKETING BOOK

第4章

4P 分析で
ワーグナーのすべてを
お金に換える

喫茶店の売りモノは、
コーヒーや食べ物以外にもたくさんある

Marketing philosophy for customers

ポジショニングマップでお店の魅力を再確認！

　セグメンテーションとターゲティングの考え方から、自慢の幼馴染で丸の内で働くアキちゃんが理想のお客さん像だと気づいたエミ。ワーグナーの改善点がたくさん見えてきました。

　そして、ポジショニングマップで他の喫茶店との違いを考えていきました。最初は縦軸と横軸を何にしたらいいのかわからず、描いてはボツ、描いてはボツの繰り返し。

　それでも諦めず描き直すこと数日、やっとエミは自分でナットクできるポジショニングマップが描けました。

価格が高くても、「古き良きもの」にお金を払うお客さんに来て欲しい、とエミは考えた

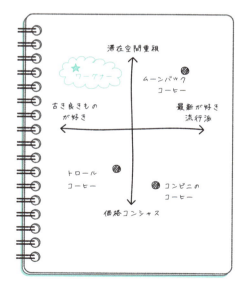

価格コンシャス
conscious＝意識して。価格に意識が強く、価格の安さが購入決定理由になること。バブル期に流行した「ボディコン」はボディコンシャスの略。

縦軸に＜価格コンシャス＞と＜滞在空間重視＞、そしてエミが横軸に選んだキーワードは＜流行最先端＞と＜古き良きもの＞。

　古き良きものを大切にしながら、ホッと心地よく過ごせる空間を創りたい。その目的達成の手段としてレコードがある。

　そう考えていくことで、エミは何を大切にすれば他のお店との違いが出るのか、ポイントがわかってきたのです。

　エミが星さんに、ワーグナーのポジショニングマップを見せると、星さんはいつも通りニコニコ。「いいですね〜〜」と喜んでくれました。

「3C分析の自社、顧客、競合他社、それぞれを考えてみてどうでした？」

「そうですね。ワーグナーの基礎というか、＜軸＞がわかったような気がするんです。他のカフェにはない、ワーグナーならではの良さがあるんですね。なんだか自信が出てきました…！」

「ダメな商品やサービスはありません」

　星さんは言い切りました。

「本当にダメだったら、とっくにワーグナーは淘汰されて無くなっています。大切なことは、その良さをお客さんに伝えること。そのためには、売る側が自分のお店のことをしっかり理解し把握していないといけない」

　星さんは、いったん言葉を切り、苦笑してこう続けました。

「とはいっても、自分のことは、自分が一番わからないから難しいんですけどね」

第4章　4P分析でワーグナーのすべてをお金に換える　**65**

「本当ですね。ワーグナーのこと、全然知らない状態でお店を引き受けたから、私はカラ回りしていたんですね」

　エミは、勢いだけで「ワーグナーは私が立て直す！」と言い放った自分を思い出して、ちょっと恥ずかしくなりました。

「商品」作りを4P分析でとらえなおす

「星さん、それでご相談なんです。私今いろいろワーグナーのこと変えたいと思っているんですが、やりたいことが多すぎて、考えていたらだんだん混乱してきちゃって…！　お金もそんなに…というか、全然ないし！　こういうときって、どうしたらいいんですか？」

「お。エミさんから質問が出てくるようになりましたね。すごい成長です」

「そしたら」と星さんは今日もカウンターの端から、紙ナプキンを一枚取りました。

「エミさん、ワーグナーの商品って何ですか？」

「商品？　えっと、コーヒーとか、カフェオレとか？　ランチのオムライスと、ケーキ…」

「普通はそう思いますよね。でも、実は商品ってもっと広く考えていいんです。そのためのツールが、**マーケティング・ミックスといって、Pで始まる4つの要素なんです**」

　話しながら、星さんは紙ナプキンに、Product、Price、Place、Promotion とPから始まる4つの英単語を書きました。

「まずは Product。コーヒーとか、オムライスとか、メニューの

項目に並ぶものがProduct=商品だと思いがちです。ですが、これ
は狭い意味での商品なんですね。

　メニューのコーヒー以外にも、レコードの音も、この椅子の座り
心地も、この店内の空間もすべてが商品になります」

「そっか、お客さんがお金を支払ってくださるのは、コーヒーだけ
じゃなく、ここで過ごしてくださる時間そのものなんですね」

「そうですよ。もしここで有料のイベントを開催すれば、イベント
自体もProduct、商品になります」

　エミは商品という言葉の奥深さにすっかり感心しました。

「では次、Priceは何だと思いますか？」

「価格だから、え〜と、メニューに載っているコーヒー350円…
とかの値段ではないんですか？」

「それはPriceの一部分ですね。ヒントを出しましょう。他のお店
は支払いってどうしてます？　現金だけですか？」

「トロールコーヒーはコーヒーチケットを売っています！　コー
ヒー11杯分のチケットが、10杯分の料金で買えるチケット！　そ
ういえば、ムーンバックはデポジットカードを売っています。カー
ドのデザインが素敵だから、プレゼントにもなったり。あっ、そう
か！　支払い方法を変えるだけでも、売上を上げることは可能なん
ですね」

「そういうことです。カフェではほとんどやっていませんが、スポー
ツジムなどの会員制度もPriceの選択肢のひとつです。異業種から
学ぶとヒントがいっぱいもらえますよ」

第4章　4P分析でワーグナーのすべてをお金に換える　67

「Place、流通ってどういうことなんでしょう？」
　エミは星さんの話の続きが気になって仕方がありません。
「たとえば、街のパン屋さんが、楽天のようなサイトにウェブショップを出すことも、流通を変える事例です」
「そうすると、ワーグナーみたいな喫茶店だと思いつかないなぁ」
「商品をコーヒーやオムライスと考えていると、難しいかもしれませんね。でもたとえば、定休日にこのお店をレンタルスペースとして貸し出したとするじゃないですか。それをイベントスペースのポータルサイトに掲載したら、大きな流通改革です」
「なるほどー！　そしたら、いろんな流通の方法を探して、ワーグナーだったら？　と考えていけばいいんですね」

「そして４つ目のＰがPromotion、販売促進です」
「広告ってことですか？」
　エミは前に出したフリーペーパー広告のことを思い出して、胸がチクリと痛みます。
「いやいや、広告はプロモーションのほんの一部ですよ。雑誌やテレビなどの媒体にお金を払って、払ったお金の枠内で好きなことを発信することが広告です。ですが、お金を払わずに雑誌やテレビに出る方法もあります」
「そんなことできるんですか？」
「できますよ。エミさんはテレビの旅番組を見ますか？」
「え？　見ます。途中下車しながら、街の名所やお店を紹介するやつとか。…あ、そうか！そういう番組に取材してもらえばいいんだ！」
　そういうこと、そういうこと、と星さんがニコニコうなずきます。

他業種とのタイアップ
二社以上の事業者が提携し、双方の売上や知名度を上げるなどの相乗効果を狙う取り組み。

「プロモーションは、＜お客さんとのコミュニケーション＞と考えると良いですよ。そう考えると、他にもお金をかけずにできることはありませんか？」

「えっと、Facebook とか Instagram とかの SNS に投稿するとか？」

「正解！　他にも、カフェ内に本屋さんを設置するとか、違う顧客層を持つ企業・事業主とタイアップすることもプロモーションです」

　星さんは、書き上げた紙ナプキンをクルっと逆さにして、エミに差し出します。喫茶店の商品をコーヒーや食べ物くらいに思っていた、エミは度がぴったりのメガネをかけさせられたように、自分のお店の景色が変わって見え、やるべきことがハッキリしてきました。

４つのＰを考えると、売り方の視野はぐんぐん広がっていく

✓Product（商品）
　食べもの、飲み物だけではない。居心地や空間など。

✓Price（価格）
　メニューの値段だけではない。支払い方法など。

✓Place（流通）
　定休日に、レンタルスペースとして貸し出す？

✓Promotion（販売促進）
　広告だけではない。取材を受ける・SNSなど。

「マーケティング・ミックスの４つの P、全部でひとつの商品だと考えてください。できることから手をつけて、この４つをバランス良く変えていけば、ワーグナーは大きく変わるはずです」

手伝えることがあったら言ってくださいね、そう言い残して、星さんは席を立ちました。

ワーグナーを４つのＰで大改革！

　今日はいよいよ、喫茶店ワーグナーのリニューアル・オープン日！
　たくさんのお客さんに出会えますようにと願いを込めて、リニューアル・オープン日は７月７日の七夕に決めました。この日かけているレコードは、ディズニーの名曲『When You Wish Upon a Star 〜星に願いを〜』。
　この１週間、エミはお店を閉じて、リニューアル・オープンの準備をしてきました。…とは言っても、家賃の支払いだって苦しかったワーグナー。おばあちゃん、ママ、星さん、アキちゃんに協力してもらい、手作りでお店をリニューアルしたのです。

Productの改革

　まずエミがこだわったのは、音楽を楽しんでもらうための機材やテーブルのレイアウト。

　エミがコーヒーやお料理を準備しながら、レコードの入れ替えをスムーズにできるよう、プレーヤーはカウンターの端に置きます。アンプはカウンターの下へ。カウンター奥の壁を片付けて、レコードを並べました。そしてカウンターを挟むようにスピーカーを設置。実はこれが、おじいちゃんがワーグナー開店時に計画していた通りの配置でした。

　テーブル配置も変えました。おしゃべりしたい方のために4名テーブル、2名テーブルは店内入って手前側と左手に並べます。そして、ひとりでゆっくり過ごしたい方のために、店内入って右手奥に1名掛けのミニテーブルと椅子を置きました。

　殺風景だった壁には、飾り棚をつけて、レコードジャケットを飾

るスペースを作りました。レコードジャケットは、おしゃれなデザインのものも多く、まるで絵を飾っているようです。

　もっと音の「ホンモノ感」を出す方法はないかなぁ…と探してみたら、おじいちゃんが昔弾いていたというチェロが、家の納戸から出てきました。そのチェロをインテリアとして店内の角っこに立てかけると、ぐっと雰囲気が出てきました。

　扉の外には、星さんがオークションで安く"落として"くれた、木製の譜面台を置き、その上にメニューを飾ります。

　そして、重みのある木製の扉には「OPEN　〜イヤホン禁止〜」と書いたプレートを掲げます。新しいワーグナーでは、イヤホンやヘッドホンのご利用はお断り。レコードの響きを、多くの方に知ってもらい、その響きの中でふとゆるむ時間を持って欲しいと願ってあえてのキャッチコピー。

　思い切って窓のカーテンを外したら、陽の光が店内に入るよう

になりました。店内の様子がわかるようになって安心して入れる、とアキちゃんにも好評。「外から中が見えないと入りにくいよな〜、女性ならもっとそうだ」とエミはまた新たに気づくのでした。

　内装と同時並行で新メニューも、アキちゃんを思い浮かべながら、考えていきました。今までは、おじいちゃんの得意料理だったオムライスと、おばあちゃんの手作りケーキが看板メニュー。
　これを働く若い女性向けのメニューにするなら、ボリュームもありながら、ヘルシーなメニューが嬉しい。夜メニューに、野菜たっぷりスープとハーフオムライスのセット定食を追加しました。クラフトビールも用意して、ワーグナーの「ちょい飲み定食」のでき上がり。週末のティータイムのケーキセットは、2種類のケーキを楽しめるハーフ＆ハーフを始めます。

第4章　4P分析でワーグナーのすべてをお金に換える　73

Priceの改革

　新メニューの値段は今までよりも少し高めに設定。

　夜メニューは「野菜たっぷりスープとハーフオムライス」とドリンクを足して、ひとり2000〜2500円となることを想定。

　週末の「ハーフ&ハーフケーキセット」も今までのケーキセットよりも200円高い800円にしました。

　そして、今まで使ってきた大きなカウンターのレジは下げて、タブレットのPOSレジに変更。同時に、今までできなかったクレジットカードや電子マネー決済も導入しました。

　この2つの新メニューと、カード決済の導入が、新ワーグナーのお客さんひとりあたりの単価を上げていくことになります。

 LINE@
通常のLINE機能に加え、ビジネス向けに不特定多数へのメッセージやクーポンなどを一斉送信できるプロモーションツール。

Placeの改革

リニューアルにあたり、営業時間も変更しました。おじいちゃんの代から、月曜から土曜日まで朝7時から夕方17時まで、日曜日定休だったワーグナー。リニューアル以降は、お仕事がえりの女性が立ち寄れるよう、夜営業をスタートしました。

火曜から木曜日は今まで通り朝7時から夕方17時まで、そして金曜、土曜、日曜日は11時30分から22時30分まで。少しずつ、朝営業から夜営業へシフト、定休日も月曜日にずらしました。

Promotionの改革

そして最後にプロモーション。

エミはまず、利益が出るまでプロモーションに直接お金を使わないことを決めました。そうすると初期費用がかかるHPを作ること、月額使用料がかかるLINE@は保留。

Facebookでエミの個人アカウントと別に、喫茶店ワーグナーのFacebookページを開き、ここに営業情報を載せることにしました。

また、Instagramもワーグナーのアカウントを作り、Facebookと投稿を連携させることで、作業量を最小限にします。

投稿のテーマは、ドリンクやお料理の画像は最低限にして、毎日その日 かけたレコードのジャケット写真をアップすることで、他のお店との違いを出すことにしました。その曲の説明も数行加えると、エミの音楽の知識も増やす良い勉強になりそうです。

こうして喫茶店ワーグナーは、1週間のお休みを経てリニューアル・オープン日を迎えました。

4P分析で商品の枠を広げてみよう

マーケティング・ミックスの4Pは、アメリカで1960年代にマッカーシーによって提唱され、その友人であるコトラーも使って広がった有名なマーケティングの考え方です。

【Product】

直訳すると「商品」ですが、**「お客様が手に入れる価値全て」**と考えてみましょう。

たとえば、街のケーキ屋さんの場合、美味しいケーキはもちろんProductですが、それはあくまで一部。パッケージや紙袋、使い捨てのスプーン、購入するお店の空間、ケーキの名前、店員さんの接客サービス、何かあった時の返品保証…これら全てに対してお客様はお金を払っており、全部でProductなのです。

【Price】

商品の価格であり、お金の支払い方法です。

ワーグナーのような個人の喫茶店であれば、現金支払いが「普通」と思いがちですが、今はクレジットカードや交通系電子マネーなど、現金以外の支払い方法が増えています。

外国人観光客が多い場所であれば、スマホ決済アプリを導入するお店も増えています。**現金以外の支払い方法を増やすと、顧客の利便性を高め、購入につながるケースが多々あります。**

スマホ決済アプリ
PayPayやLINEPayなど、現金やクレジットカードを持ち歩かなくてもスマホひとつで買い物ができる仕組み。

条件付きの割引サービスも Price の戦略ですし、継続的な購入を促す会員制度や定期購入制度も Price の幅を広げていきます。

【Place】

お店の立地、さらに商品の流通経路や販売チャネルのことで、**「お客様があなたの商品をどこで買えるのか」**ということです。

これまでリアル店舗だけで販売していた和菓子を、オンライン

マーケティングミックス　4つのP

この4つ全部で商品！

Product	Price
・メニュー ・空間 ・パッケージ ・イベント ・接客サービス	・価格 ・支払い方法 ・割引サービス（早割 etc） ・会員制度 ・定期購入

Place	Promotion
・リアル店舗 ・オンラインショップ ・代理店販売	・広告 ・パブリシティ ・タイアップ ・SNS

4限目　4P分析で商品の枠を広げてみよう　77

ショップで販売を開始すれば、より多くのお客様が買いやすくなり、売上アップも見込めます。

　一方、リアル店舗にこだわることで、特別感が出て、行列ができるお店になることもあります。また、自分たちだけで売ろうとせずに、別の人に売ってもらう代理店販売も Place を広げる方法です。

【Promotion】

　プロモーションと言うとテレビや看板などの広告や、街頭でチラシや無料サンプルを配るような販売促進キャンペーンのイメージが強いのではないでしょうか。

　しかし Promotion とはもっと幅広く、**自社の商品・サービスについて、既存の顧客と未来の顧客にどんなメッセージを、どうやって伝えていくかという「顧客とのコミュニケーション」全般**のことなのです。

　媒体から取材を受けるパブリシティ、SNS やブログでの情報発信などできることはたくさんあります。**「誰に」「どんなメッセージを」「どうやって伝えるか」**の掛け算で、具体的なプロモーションの打ち手を考えていきましょう。

　4P を使いこなすポイントは、星さんが言っていた通り「4P 全部で商品である」という意識を持つこと。Product を変えなくても、Place や Price の工夫が顧客の利便性を高めて、同じものでも一気に売れるというケースもあります。77 ページの図を参照に、まずはあなたの商品の 4P を考えてみてください。

■ お客様とのコミュニケーション

Promotionはかけ算、ベストな取組みを見つけよう！

誰に		何を		どうやって伝えるか
既存顧客 リピーター顧客 潜在顧客	×	商品の仕様 企業名ブランドイメージ 企業のストーリー 社員の顔	×	広告を出して、伝える 取材されて、伝える 自分のSNSに投稿して、伝える 他社とタイアップして、伝える

プロモーション2つの戦略
〜アドとパブ〜

　4つめのP、Promotionでの、顧客とのコミュニケーションはとても大切です。このPromotionの具体的な取り組みを考える上で、アドとパブの違いをここで押さえておきましょう。

アド :advertisement（広告）

　企業・事業主側がお金を払って、媒体（テレビ、雑誌など）の広告枠を購入。その広告枠内で、企業・事業主側が好きなことを自由に発信すること。

　例）テレビCM、新聞や雑誌の広告、フリーペーパー掲載

パブ :publicity（広報）

　企業・事業主側がお金を払わずに、媒体にプレスリリース等で情報発信し、ニュースや番組等で取り上げられること。発信の有無、どれくらいの枠内で発信するかどうかは、媒体側に決定権がある。
　例）ニュース、新聞記事、旅番組、ドキュメンタリー番組

「小さなお店だからパブを取るなんてムリ」と思っていませんか？実は、**媒体側も掲載する情報を常に探しているもの。媒体とのコンセプトやニーズと合えば、どんなに小さい企業・事業主でもパブリシティを取る可能性があります。**
　最近は ValuePress! やプレスリリースゼロなど、**無料で配信できるプレスリリースサイトもあります**。ぜひパブリシティを取る広報活動もプロモーションの選択肢に入れましょう。
　プレスリリースを書くポイントのひとつは、季節と作成時期です。特に雑誌の場合は、掲載までのスパンを考慮して発信しましょう。
　たとえば、あなたの商品が「かき氷」の場合、SNSで情報を発信するなら夏間近、6月頃からかき氷の投稿をした方が反応が良いのですが、**プレスリリースで夏の商品・サービスを書くのは、その半年前の冬、12月**が妥当です。
　ある雑誌で毎年6月発売号で夏のお出かけ特集が組まれるのなら、半年前の12月の冬の時期から、6月発売号の企画会議や取材先選びが始まるからです。

「○○誌に掲載された」と言えれば実績・信頼につながり、さらなる集客が見込めます。ぜひプレスリリースにチャレンジしましょう。

プレスリリースの無料配信サイト
通常は企業がメディアに郵送していたプレスリリースを、メディアに一斉配信してくれるウェブサービス。無料から有料まで幅広い。

第 5 章

資金ゼロからの
SIPSプロモーション戦略

SNS時代の販促キーワード
「参加」と「共有」

新しいお客さんはインスタから

　七夕の日にワーグナーがリニューアル・オープンして1ヶ月。

　アキちゃんは高校時代の友達を連れてきてくれました。エミのママも、お友達を誘って2日に1回のペースでランチに来てくれます。そのお友達が2週間後にまた来てくれたり、エミは少しずつ手応えを感じはじめていました。

　からんからーん。

　ある水曜日の15時頃、高校生でしょうか、制服姿の男の子がひとりでワーグナーに入ってきました。

「いらっしゃいませー。お好きなお席にどうぞ」

　初めて来店されたお客さんにちょっと緊張しながらエミが声をかけると、彼は入口で一度足をとめ、店内をぐるりと見渡してから、右手奥のひとりテーブル席に座りました。

「メニューをどうぞ」

　エミがお水とメニューを持って、話しかけます。

「えっと、ジンジャーエールってありますか？」

「はい、ございます。ご用意しますね」

　男の子は、飾り棚においたレコードのジャケットが気になるようです。

「お待たせしました。ジンジャーエールです」

「あ、どうも」

　エミが「初めていらしてくださいました？」と聞こうか迷っていたとき、「あの…」と男の子が話しかけてきました。

82

「はい？」

「こちらって、レコードをかけてるんですか？」

「え？　あ、そうですそうです。今もかかっているのはレコードです」

この日のレコードはおじいちゃんのレコード棚から出した、モーツァルトのピアノ曲です。

「実は聴いてみたいレコードがあって、持ってきたんです。かけてもらえたりますか？」

エミは思いがけない提案にびっくりしながらも、「もちろん、大丈夫ですよ！　お借りしますね」と答えました。

男の子がカバンから出したレコード2枚は、ビートルズの Let it Be と、Please Please Me でした。エミは早速、Please Please Me のレコードをセットし、ジャケットをカウンター奥の NOW ON AIR の場所に飾ります。

「ビートルズの曲をレコードで聴くのは私も初めてです。なんだか違う曲みたいですね」そう声をかけてエミはカウンターに戻ります。

2枚のレコードが終わるまで、男の子は店内に置いてあった雑誌を開いたり、スマホを操作したり、ゆっくり過ごしたようでした。レコードを返すと、

「ありがとうございました。また来ます」

そう言って、男の子は爽やかな笑顔で、帰って行きました。

その男の子、マサルくんは地元の高校に

金子勝（17）
音楽教科書に掲載されていた「Hey Jude」の歌い出し和訳、「ヘイ、ジュード　嘆くな〜」は冒涜レベルでダサいと思っている。顔に似合わず、ボクシング部所属。

第5章　資金ゼロからの SIPS プロモーション戦略

通う17歳で、部活がお休みの水曜日はワーグナーにやってくるようになりました。毎回、1〜2枚レコードを持ってきてくれるので、水曜日の夕方は、そのレコードがかかります。

「オヤジのオヤジが音楽好きだったらしくて、こういうレコードが家に何枚もあるんです。でも、肝心のプレーヤーがなくてずっと聴けなかったんです。インスタを見ていたら、ここのお店を見つけて、自転車で行けるじゃん、と思ったんです。気になっていたレコード、やっと聴けて嬉しいです。そのうち、オヤジも連れてこようかな」

　その後、マサルくんはNOW ON AIRに立てかけられた、ジャケットをスマホで写真に撮り、自分のインスタに投稿しました。

お客さんの気持ちと行動から作るプロモーション戦略

「いいですね〜！　もうSNS集客の結果が出ているんですね」

　高校生のマサルくんがインスタを見てワーグナーにきてくれた話を、星さんに報告すると、ニコニコしながら聞いてくれました。

「お客さんがモノを買うとき、いきなり買うことはないですよね。そのモノを知る、欲しくなる、来店する…、購入の前に必ず何か行動しています。そしてそれぞれの段階で、何かしら感情が動いているんです。それをモデル化したものが、消費者行動モデルです。マサルくんが来るまでの経緯を改めて考えてみましょう。ここに次のお客さんと出会うためのヒントがありますよ」

　星さんはいつものように、カウンターに置いてあったノートに何か書き始めます。

マサルくんのワーグナー来店までの経緯

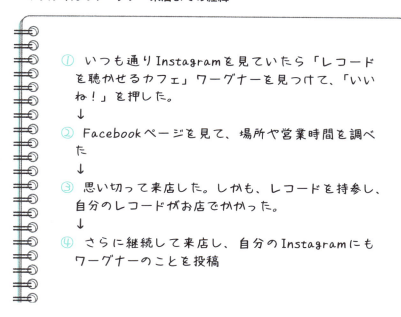

① いつも通りInstagramを見ていたら「レコードを聴かせるカフェ」ワーグナーを見つけて、「いいね！」を押した。
↓
② Facebookページを見て、場所や営業時間を調べた
↓
③ 思い切って来店した。しかも、レコードを持参し、自分のレコードがお店でかかった。
↓
④ さらに継続して来店し、自分のInstagramにもワーグナーのことを投稿

「マサルくんの行動をさかのぼると、こういうことですよね、これは見事に、消費者行動モデルSIPS（シップス）の通りなんですよ」

初めて耳にする単語にエミは戸惑いました。

「シップス？」

「まず①。SNSを見ていたら、ワーグナーを偶然見かけて、"いいなぁ"と思って共感（Sympathize）の気持ちが起こった。

そして②。ワーグナーがHP代わりにしているFacebookページを見て確認（Identify）した。場所はどこ？　営業時間は？　本当にレコードをかけているの？　どんなお店？　と確認したわけです。

その上で、③。実際に来店するという行動をしたわけです。しかも、

第5章　資金ゼロからのSIPSプロモーション戦略　85

自分のレコードがお店で流してもらえる。SIPS モデルではこのお客さんが具体的に行動する段階を、参加（Participate）の段階と考えます。

　SIPS は、買うだけじゃないところがポイントですね。さらに先があって、④ 自分の行動を周りの人に共有・拡散（Share&Spread）してくれる。マサルくんは自分のインスタにワーグナーのことを投稿してくれたし、家族にも話してくれた。まとめると、こうなります。

「共有・拡散」が SIPS のポイント

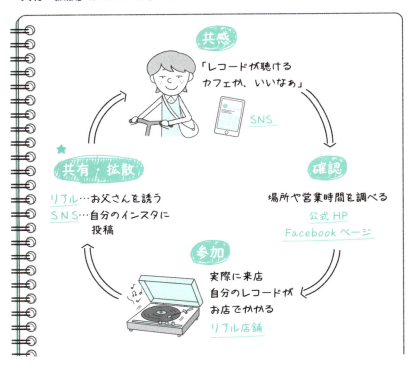

これが、次のお客さんの　①共感　から始まるスパイラルにつながります。しかも、マサルくんはもっとワーグナーが好きになってまた来てくれる」

　なるほど…と、エミはつぶやきながら、星さんの話に聞き入ります。なんだか推理小説の謎解きを聞いている気分です。

SIPS 的プロモーション戦略とは？

「ではエミさんに問題です。このモデルを使って、2人、3人とマサルくんのようなお客さんを増やすためには何が必要だと思いますか？」

「え？　増やせるんですか？」

「待っていても、お客さんは増えません」

　星さんは、エミの顔をはっきり見て言いました。

「そう仕掛けるんです。だけど、むやみやたらにお金を使って広告も打てないでしょう？　だからマーケティングを使うんです」

　はいっ！、とエミは返事をして、星さんが書いてくれたメモを見ながら考え始めます。

「えっと…まずは、①共感してくれる人を増やす、でしょうか？」

「そうですよね。全体の母数を増やすことは大切です。他には？」

「他にもあるんですか？」

「エミさんは最近、SNS でお店の情報やシェアに、いいねを押したり、コメントをしたりしました？」

第5章　資金ゼロからの SIPS プロモーション戦略　87

「しました。昨日もアキちゃんが丸の内のベトナム料理店のことをシェアしていたんです。素敵なお店だなぁと思いました」

「いいなぁって思うまでは ① 共感ですよね。それでエミさん、その後何かしました？」

「えっと…いいねを押しただけです。遠いから行くのは難しいし、お店も忙しいし、それキリです」

「そうですね。人は共感したからといって、次の行動に移すとは限らないんです。でも、そのベトナム料理店が、たとえば月曜割みたいなものをやっていて、それを周知していたらどうですか？　月曜はお店が休みだから、遠出してアキちゃんと一緒に月曜にランチをしていたかもしれない…そんな可能性もあると思いませんか？」

「そっか！　① 共感する、で終わらず、次の② 確認、③ 参加に動いてもらわないといけないんだ！」

「そうなんです。最初に① 共感してくれるお客さんの数を増やすこと、そして、次にそのお客さんたちを、②確認 や、③参加のステップへ動くよう仕掛けること。この２つの視点から取り組みをすると、お客さんを増やせると思いませんか？」

「うんうん、うんうん」エミは思い切りうなずきます。

「マサルくんの場合は SIPS モデルがちょうど当てはまりますが、消費者行動モデルは他にもいろいろあります。お店の近くに置いてある立て看板を見て数日後に来店、というのは昔からの基本モデル AIDMA が当てはまります。他にも、インターネットで検索して来店、というケースなら AISAS というモデルが当てはまります。大切なのは、自分のお客さんに当てはまった行動モデルを選ぶことです」

「いろいろあって、アタマがぐちゃぐちゃになりそうですー！」

「初心者のエミさんは、前から考えていた理想のお客さん像と、SIPSモデルでプロモーションと顧客動線を考えてみましょう。実際にSIPSモデルでお客さんが来たということは、効果が見込めますから」

　星さんの話は、この日の閉店時間を過ぎても続き、エミはSIPSモデルを軸にした戦略を、次のようにノートにまとめました。

SIPSでは、消費者に確認→参加→共有・拡散へ動いてもらうことが大切

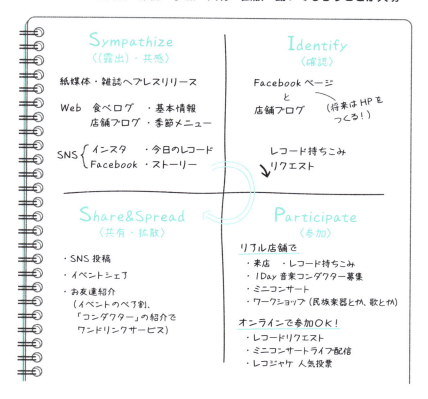

売り込みにならない、魅力の伝え方

リニューアル・オープンから約 2 ヶ月。

エミは、お店の運営をしながら、星さんと考えたプロモーション戦略を行動に移し出しました。

定休日翌日、火曜日の朝。

エミは朝 6 時にワーグナーに来て、お気に入りのレコードを 1 枚かけます。大好きな音楽を独り占めしながら、店内と玄関先の床を掃き掃除。そしてテーブルとイス、棚を全て拭き上げます。そしてコーヒー豆を挽き、7 時の朝営業の準備を整えます。

Sympathizeの改革

「おはようございますー！ いらっしゃいませー」

開店と同時にやってくる朝の常連のお客さんに、モーニングとコーヒーを出し終えると、次にエミがやることは今日のランチにかけるレコードを一枚選び、スマホでジャケット画像を撮ります。そして、ワーグナーの Instagram に【今日のレコード】というタイトルで投稿します。

Identifyの改革

メールをチェックすると、【レコード持ち込み】の登録がありました。女性で、来店は初めて。ワーグナーを知ったキッカケは、Facebook とのこと。今週土曜日の午後、レコードを持って来店予定です。実際の応募があったことで、エミはワクワクして来ました。

家にあるレコードをワーグナーでかけて欲しい方、ワーグナーの

 Google フォームで作ったアンケートページ
Google が提供するアンケート作成・集計ツールで、
Google のアカウントがあれば誰でも無料で利用できる。

レコードリストからリクエストがある方が、Googleフォームで作ったアンケートページから入力してくれます。アンケートのURLリンクをFacebookページに貼っておくだけで、毎週1〜2件、リクエストがくるようになりました。

ランチタイムは、以前から来てくれるご近所の方以外にも、ひとりで来店してくれる20〜30代の女性が増えました。
「エミちゃーん、席空いてるー？」
からんからーんという扉の鐘に重ねて、よく通る声で入ってきたのはカナメさんです。
都内に住んでいるフリーライターのカナメさんは、今年「年女」と言っていた24歳。ご両親が住むご実家がこの近くだそう。実家に来る日はまずランチタイムにワーグナーに来て、ランチをしながらパソコン仕事をして実家に向かいます。カナメさんの指定席はお店の奥、パソコンの電源をつなげる1名用のテーブル席です。
「実家の近くにこんな居心地がいいカフェができて、本当に嬉しいよー！ 実家に来る回数も増えて、うちの母も喜んでいるよ」
「カナメさん、たまにはお母さんともいらしてください！」
「そうだねー！ 今度連れてくるわー！」
しかもカナメさんは仲間のライターさんにワーグナーを紹介してくれたのです！

山口要芽（24）
フリーライター。憧れのライターは、古賀史健。1回会ったことがあるが、緊張して挨拶できなかったシャイな一面もある。

第5章　資金ゼロからのSIPSプロモーション戦略　91

地元のライフスタイル雑誌のカフェ特集に推薦してくれて、先週取材に来てくれました。

カナメさんの元気な声を聞いて、エミも「私もワーグナーのお仕事頑張ろうっ」と思うのでした。

Participateの改革

ランチタイムが落ち着くと、エミはティータイムのお客さんの接客をしながら、ノートパソコンを立ち上げ新しい企画の準備です。

来月は地元でシンガーソングライターのヒカリさんが「投げ銭ライブ」をしてくれることになりました。

ヒカリさんは、マサルくんのお姉さん。昼間はファミレスでアルバイトをしながら、夜は路上ライブやライブハウスで歌うシンガーの卵です。

現代の女性の恋心や夢への思いを詰めこんだ歌詞に、地元では少しずつ有名になっている方。

「いつか紅白歌合戦に出るのー！」と熱い夢を語ってくれます。アコースティックギターの音が生演奏でこのワーグナーに響くのか、と想像するだけでエミは楽しみでなりません。

ワーグナーの理想のお客さん像と年代が重なる20代女性のアーティストさんを応援できることも、お店のコンセプトどおり。

和田光（25）

憧れのシンガーはエイミー・マン。ファミレスの時給が上がればいいなと思いつつ、引っ込み思案な面もあり、交渉できず。作曲が煮つまると、エアギターでストレス解消するのは秘密。

SNS上でライブ配信
スマホやパソコンで撮った動画をSNS上に即時に発信できる仕組み。見る人もその場でコメントをして参加ができる。

このライブは SNS 上でライブ配信も行い、遠方で来店できないお客さんにもお届けする予定。

　明日の水曜日の夕方は、ヒカリさんと 2 回目の事前打ち合わせ。Facebook ページやブログ、SNS でライブの告知をしたり、ミニチラシを店内に置いたり…と、やりたいことがどんどん出てきます！

お客さんが「参加」できる仕掛けをどんどん発信

　火曜日の営業を終えて、エミは帰りにおばあちゃんの家に寄ります。おじいちゃんの仏壇に手を合わせてから、おばあちゃんに相談します。

「おばあちゃん、今月のレアチーズケーキ、食べたお客さんがみんな美味しいって言ってくれてるよ〜！　手作りのレモンソースが暑い日にぴったりで、Facebook の写真を見たら食べたくなったって今日もお客さんが来てくれたの。9 月になったらどうしようかなぁ」

　ワーグナーのデザートは今もおばあちゃんの手作り。季節のメニューを相談します。

「レアチーズケーキのソースを、レモンソースからリンゴジャムに変えたらどう？　紅玉が出てきたら、リンゴケーキはどう？」

「紅玉のリンゴケーキ！　皮付きのりんごを薄切りにして、タルトに並べて焼いたケーキだよね。私、あのケーキ大好き！　小学校の頃からよく作ってくれたよねぇ。お客さんに出す前に、私が食べちゃうかも！」

　カフェのメニューを相談している時間もあっという間に過ぎていきます。

カフェメニューも充実させながら、お客さんが「参加」できる仕掛けをどんどん作り、それを発信していく。忙しいながらもエミは、ワーグナーのことを伝える発信の仕事も楽しめるようになってきました。星さんに出会う前は1日7人しかお客さんが来なかったワーグナーでしたが、リニューアルオープン後のこの2ヶ月で1日平均35名と5倍に増え、売り上げも着実に伸びていきました。

　新しい企画を考えながら、日々お客さんを笑顔でむかえるエミ。この日も営業を終え、心地よい疲労感を感じながら、BGMをレコードからラジオに変えて、カップをひとつずつ丁寧に拭きます。
　ラジオからはミュージシャンのAYAの歌が流れてきました。AYAのハスキーボイスと独特の世界観を持つ歌詞がエミは大好き。「AYAさんがワーグナーに来てくれるようなお店にできないかな」以前は想像もしなかった新しい夢がエミの心に広がります。

マーケティング授業 5限目 消費者がモノを買うときの3つの消費者行動モデル

　お客様が商品・サービスの存在を知ってから、実際に購入するまで、気持ちや行動に段階があります。これをモデル化して示したものを「消費者行動モデル」と言い、**このモデルを意識することで、より効果的なプロモーションを考えられる**ようになります。
　「消費者行動モデル」にはいくつもパターンがありますが、ここでは基本の3つのモデルをご紹介します。

その1　昔ながらの基本モデル AIDMA

① Attention（注意）② Interest（関心）③ Desire（欲求）④ Memory（記憶）⑤ Action（行動）

昔ながらの消費者行動モデル AIDMA

→ AIDMA
5 Action　購入…買った！
4 Memory　記憶…お店に行こう！
3 Desire　欲求…欲しいなぁ、行きたいなぁ
2 Interest　関心…良さそう、気になる
1 Attention　注目…そういうのあるんだ！

AIDMA は 1920 年代にアメリカのサミュエル・ローランド・ホールが提唱し、100 年にわたって知られているモデルです。まだインターネットがなく、テレビ CM や街の広告しかなかった時代からの基本の消費者行動です。

たとえば、AIDMA モデルで初めて車を購入する人の消費者行動を当てはめると、下記のようになります。

▎**AIDMA の行動モデルの例**

> テレビ CM を見て某メーカーの新車を知る（Attention）
> → 興味を持ちパンフレットをとり寄せる（Interest）
> → 乗ってみたいなぁと欲求が生まれる（Desire）
> → 週末は販売店に見に行こうと記憶する（Memory）
> → 来店し購入する（Action）

AIDMA でのお客様の行動は、まるで階段のようにお客様に一段ずつステップを上ってもらうイメージです。インターネットがまだ無く、**供給よりも需要が大きかった時代に有効なモデル**でした。

その2　インターネット時代の AISAS

Attention（注意）② Interest（関心）③ Search（検索）④ Action（行動）⑤ Share（情報共有）

インターネット時代に、AIDMAモデルでは説明できなくなって

96

きた消費者行動をパターン化したモデルが**AISAS**です。AISASは、日本の広告代理店 電通で生まれた、同社の登録商標です。マーケティングや広告を学ぶ人にはAIDMAに並ぶ基本の概念です。

たとえば、あなたが「そろそろ洗濯機を買い替えようかなぁ」と思ったとすると、AISASモデルでは次のような行動が想定されます。

❙ AISASの行動モデルの例

　　テレビCMで新型洗濯機を知る（Attention）
→「あ、これ良さそう」と興味を持つ（Interest）
→ ネットで他の洗濯機と価格・性能比較（Search）
→ 家電量販店に買いに行って購入（Action）
→ 使用感想を友達に話したり、口コミサイトに書き込む（Share）

❙ インターネット時代の消費者行動モデル AISAS

さらに、AISAS モデルでは、このようなケースもあります。

▌⑤ Share →③ Search →⑤…を繰り返す AISAS の例

テレビ CM で新型洗濯機を知る（Attention）
→「あ、これ良さそう」と興味を持つ（Interest）
→ ネットで他の洗濯機と価格・性能比較（Search）
→ 家電量販店に見に行ったり、他のネットショップへ（Action）
→ 見た感想などを友達に話したり、口コミサイトに書く（Share）
→ **再び、ネットで他の洗濯機と価格・性能比較（Search）**
→ **再び、量販店に見に行ったり、他のネットショップへ（Action）**
…

このように、お客様の動きが③ Search（検索）④ Action（行動）
⑤ Share（情報共有）をぐるぐる回るケースがあります。

あなたも何か気になる商品があって、ネット検索をしているうち
に結局買わなかった、という体験はありませんか？
階段を一方方向に登っていく AIDMA と違い、AISAS では、**ぐる
ぐると③ Search（検索）を続けて、なかなか購入にいたらないお
客様の行動も表現**しています。

その3　SNS時代の派生モデル SIPS

① Sympathize（共感）② Identify（確認）③ Participate（参加）
④ Share&Spread（共有・拡散）

ツイッターや Facebook、Instagram など **SNS が広がって以降、さらに様々な消費者行動モデルが派生しています。中でもシンプルでわかりやすいモデルがこの SIPS** です。

▌SNS時代のモデル SIPS

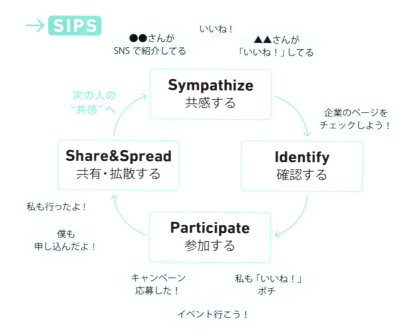

5限目　消費者がモノを買うときの3つの消費者行動モデル　99

マサルくんがワーグナーと出会い、関わりを深めていく過程がまさに SIPS でしたね。

　SIPS では、お客様が購入する段階をあえて、Participate（参加）と呼びます。SNS でいいね！　を押す、イベントページを SNS でシェアする、イベントに行ってみる、イベントにオンラインで参加する…など売り手と買い手の関係は、ただモノを売って買う、だけではなく、様々な選択肢があります。

　いきなり「購入」という「参加」の方法だけでなく、お金がかからない方法も「参加」の選択肢として用意しておくのです。そうすることで、お客様を自社のファンに育てていくことができます。

　ファンになると、長く購入し続けてくれたり、周りの人に紹介・口コミをしてくれたり、「売らずに売れる状況」が生まれてくるのです

　AIDMA はお客様が階段を登るイメージでしたが、**SIPS はまるで螺旋階段のようなイメージです。同じことを繰り返しているようで、気付けば一段上のファンになっている**イメージ。

　ひとりのお客様が螺旋階段を登っていくように自社と関係を深めていき、その螺旋階段が別のお客様にも広がっていきます。

自分の業種に活用するときの３つのポイント

　以上、３つの消費者行動モデルを説明してきましたが、どの消費者行動モデルに自社が当てはまるのか、業種・業態によって変わっていきます。消費者行動モデルを活用するためには、下記のポイントが重要になります。

▌消費者行動モデル活用のポイント

> 1) 過去のお客様の購入事例を踏まえて、
>   ターゲットとする理想のお客様に合ったモデルを見極める
> 2) 全体のボリュームを増やす取り組みをする
> 3) モデルの各段階ごとに、次に進みやすくする仕掛けを用意

　この３つを意識して取り組むと、無駄なく効果的な取り組みができるようになります。

　消費者行動モデルに沿って、お客様が進む仕掛けを用意するということは、森の中に順路の看板を置くようなものです。

　たくさんの商品・サービスが社会にあふれる中で、お客様が必要とするものに迷いなく出会えるように、目印を置いてあげることが「売らずに売れる」ためのマーケティング戦略の肝なのです。

マーケに使えるSNS❷

20代ユーザーが多いInstagram

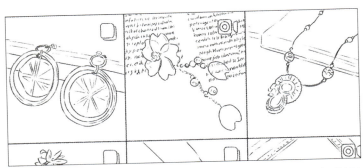

〈3列に配置されたときに見栄えのいい投稿を心がける〉

　見栄えのする写真が撮りやすい、飲食・物販・ファッション・ペットなどの業界では特に有効です。また、20代を中心とした若い世代がメインユーザーであるため、その世代をターゲットとしたモノを扱っている方は特に効果的です。

＜マーケティングで使うポイント＞
- ✓ プロフィール欄に、店名やメインの商品・サービス、詳細が載ったHPのURLなどを明記して、購入のための動線を引く。
- ✓ 写真はスマホで十分！　ただし、ピンボケや暗い写真、何を伝えたいかわからないゴチャゴチャした写真は避ける。
- ✓ 3列に投稿画像が並んだときに素敵に見える投稿順を考える。
- ✓ Facebookにも自動投稿できる連携をしておく。
- ✓ フォロワーはまず2000人を目指す！　自分がフォローすることでフォロワーが増えていく。
- ✓ タグは10個以上つけて、検索でひっかかりやすくする。

第6章

クロスSWOT分析で「弱み」を「強み」に変える

大手「ムーンバックコーヒー」がマネ？
「コモディティ化」を打破する方法

ワーグナー復活！と思ったら…

　1ヶ月前から企画していたワーグナーで初めての音楽イベント、ヒカリさんのアコースティックギターライブが無事に終わりました。

　ヒカリさんのご家族やお友達、そしていつものワーグナーの常連さんたちでワーグナーは満席御礼！　用意したおつまみも定食セットもケーキセットも完売、週末夜限定のドリンクもどんどん出て、嬉しい悲鳴を心の中で叫びながら忙しく働きました。

　そして、このライブイベントで、また新しいお客さんとも出会うことができました。「またランチに来ますね〜」「次はレコードのリクエストしますー」と手を振って帰って行ったお客さんが、翌週早速ワーグナーにまた来てくれました。SNS、イベント、ご紹介…SIPSモデルどおりで、ワーグナーへの来店者数は右肩上がりです。

ワーグナーは復活できたのかも…!

　エミも手応えを感じ始めた、ある週の火曜日。

　からんからーん。

「いらっしゃいませー！…あれ？　ママ？　こんな時間に珍しいね」

　エミのママがひとりでワーグナーにやってきました。

「通りの紅葉もだいぶ赤くなったのねぇ。どうりで寒いわけだわ」

　エミのママはストールを外して、カウンターに座り、紅茶が飲みたいなぁとリクエストします。

「そうそう、ちょっと気になったことがあったの。南口の喫茶店、レコードかかったけど、エミ、なんか協力してるの？」

「え？」

　からんからーん。

　その日の夕方、アキちゃんがやってきました。

「エミ〜、今日銀座のムーンバックコーヒーで打ち合わせしたら、レコードがかかってたよ。なにか知ってる？」

「ええぇ？」

　からんからーん。

「郵便でーーす」

　届いたのは先日、カナメさんの紹介で取材にきてくれたライフスタイル雑誌の掲載誌でした。カバーには『レコードに癒されるカフェ10』の特集タイトル。

　イヤな予感がして、エミの心臓がドキドキと早鐘を打ちます。恐る恐る特集ページを開くと、なんと、後発であるはずのムーンバックコーヒー銀座本店がトップで、ワーグナーはその6番目に掲載されていたのでした。

　せっかくエミが作ってきたワーグナーの魅力、「レコードの音で癒される時間」というコンセプトは、他のお店でもマネする動きが始まってしまったのです。

レコードブームにワーグナーが埋もれていく？

「うーん…コモディティ化だなぁ」

星さんがワーグナーが載った雑誌を見ながらつぶやきます。いつ

もニコニコの星さんには珍しく、眉間にしわを寄せ、困った表情です。
「良い企画だからこそ、他社がマネすることは当然あることなんです。最初はオンリーワンで新鮮だった商品が、他社も追随することで新しさがなくなり、一般化してしまう。これをコモディティ化と言います」
「このままじゃワーグナーはまた、お客さんが減ってしまうんでしょうか…」
　エミはすっかり意気消沈。
「同じことを他社も行う、ということは、良い面もそうでない面も両方あるんですよ。
　ワーグナーにとって良い面としては、それだけレコードに魅力がある、お客さんに求められるニーズがある、とわかったこと。全国誌にワーグナーのような郊外の個人喫茶店が、こうして取り上げられることはすごいことです。

ネガティブな面としては、＜レコードが楽しめるカフェといえば、ワーグナー＞というブランドはまだ確立できていない、ということ。

全国に店舗を持つムーンバックが本気でレコードが聴けるカフェを打ち出してきたら、"ワーグナーがムーンバックの真似をしている"と思われる可能性がある」

星さんの話を聴きながら、エミは目がうるむのを必死でこらえていました。

エミにとってレコードはおじいちゃんとの思い出そのもの。

レコードの音の質感は、おじいちゃんの大きな手のあたたかさまで思い出させてくれるもの。

「私にとってレコードは、ブームとかそんなもんじゃないの。そんな軽いものじゃないのに」

ワーグナーだからこそお客さんに喜んでもらえる企画はなんだろうと考えて、ママやおばあちゃんに話を聞いて見つけたのが"レコードが楽しめるカフェ"というアイデアでした。そんなレコードを軽々とマネされてしまっては、まるでおじいちゃんのワーグナーへの夢もレコードへの愛情までも、軽く思われているよう。エミの胸に、悲しさと悔しさが湧き上がってきました。

SWOT分析で、ワーグナーの「強み」を掘り起こす！

その3日後、エミはワーグナーを臨時休業にしました。

電車に乗って久しぶりに都内に出ます。

まず向かったのは、ムーンバックコーヒー銀座本店。アキちゃんがレコードがかかっていたよ、と教えてくれたお店です。コーヒー

第6章　クロスSWOT分析で「弱み」を「強み」に変える　**107**

をオーダーし、お店全体が見渡せる席に座ります。お店を休んで、ムーンバックコーヒーに来たのは、競合視察のため。

　平日11時のお昼前で満席。テイクアウトのお客さんも含めて、レジには常に列ができています。お店のスタッフは、笑顔で感じが良いものの、ゆっくり話せる状況ではありません。レコードプレーヤーはお店の片隅に、オブジェのように置かれていました。レコードは数枚、プレーヤーそばの棚に飾られているだけです。

　スタッフの女性が、エミの席周りのテーブルを拭きにきました。エミは声をかけます。

「すみません、あそこにあるレコードプレーヤーで音楽がかかることってあるんですか？」

「レコード？　えっと…ちょっと私わからないので聞いてきますっ！」

　彼女はそう言ってカウンターの奥に行き、戻ってきました。

「レコードを流すのは、月1回のコーヒーナイトのときだけだそうです。次回は来月16日の夜なので、ぜひいらしてください」

　ニコッと笑顔で教えてくれました。

　そのあともエミは銀座周辺のカフェを3ヶ所周り、地元の駅に戻ってきました。ワーグナーと反対側の出口に出て、南口の喫茶店にも寄ってみました。

　そして、夕暮れの西陽が入り込むワーグナーに戻ってきました。エミは音楽もかけずカウンター席に座り、ノートを広げます。

　ノートにはあらかじめ線を引いて、フォーマットを作っていました。数日前に星さんがワーグナーのカウンターで教えてくれたSWOT分析です。星さんの話を思い出します。

108

「SWOT分析は、今までのフレームワークの中でも特に、自社のことを客観的に分析し、状況にあわせた次の施策のアイデアを生み出すために効果的なマーケティングツールです。

ノートに縦横二列ずつ表を作って、縦に**内部環境**と**外部環境**、横に**プラス要素**と**マイナス要素**と、書いてください。内部環境とプラス要素が交差したところ、ここにワーグナーの＜**強み**＞を書きます。内部環境とマイナス要素が交差するところ、＜**弱み**＞です。

外部環境のプラス要素はワーグナーにとっての＜**機会**＞、そして外部環境のマイナス要素は＜**脅威**＞になります。まずはこの４つの四角を埋めてみる。これがSWOT分析です。

SWOT分析		
	プラス要素	マイナス要素
内部環境	〈強み〉	〈弱み〉
外部環境	〈機会〉	〈脅威〉

ただ、このSWOT分析は、外部環境の競合他社やもっと広い経済状況のことも客観的に理解できていないと、意味ある分析になりません。自社の＜強み＞も＜弱み＞も、相手を知って、相手との比較の中で気づくことがいっぱいあります。

　＜弱み＞だと思っていたことが、実は＜強み＞だったと気づくこともたくさんあります。エミさん、レコードをかけ始めたという南口のお店やムーンバックコーヒーに、お客さんとして行って、まずはサービスを体験してみてはどうでしょう？」

　SWOT分析の表を埋めて、ノートを眺めると、ワーグナーの強み・弱みが見えてきました。

ワーグナーのSWOT分析

	プラス要素	マイナス要素
内部環境	〈強み〉 ・いつもレコードをかけている ・お客さんのレコードも含め、レコードリストが多い ・「先代おじいちゃんから受け継いだ」ストーリーがある ・おばあちゃんの手作りケーキ ・お客さんとの距離が近い	〈弱み〉 ・郊外に1店舗だけで知名度が低い ・仕入れ力が弱い ・席数が限られている ・店主エミの音楽専門性が低い （おじいちゃんほどの知識がない）
外部環境	〈機会〉 ・レコードの再ブーム 　（若手アーティストもLP版を発表） ・本物志向 ・SNSが年代幅広く普及 ・カフェの利用ニーズが高まっている 　（ノマドワーカー、起業ブーム etc）	〈脅威〉 ・機材などを仕入れる資金力があれば、どのお店でもレコードを流せる ・チェーン店は資金力で都内に他店展開できるため、知名度が高い ・スタッフが多く、お客さんを待たせない ・コンビニコーヒーなどの低価格化

memo
iTunes
アップルが開発及び配布しているメディアプレーヤー。音楽の再生・管理に止まらず、音楽業界を変える勢いで進化し続けている。

他のお店を見てきたからこそ気づくことがある、という星さんの言うとおりでした。

　たとえば、ワーグナーにとって今やいつもレコードをかけていることは「当たり前」でしたが、これも＜強み＞のひとつだとエミは気付きました。

　12インチのレコード1枚で収録時間は両面で40分程度。こまめに入れ替えが必要となるレコードは、忙しい大きなお店にとっては簡単にできることではないのです。

　有線放送やiTunesで様々なジャンルをずっと流し続けられる方が、手間がかからずラクだということがわかりました。

次の具体的な戦略が生まれる クロス SWOT 分析とは？

　11月に入ってから陽が落ちた後はぐっと冷え込むようになりました。

　SWOT分析の表を書き終えたエミは、カウンターの椅子から下りてノビをしたあと、片手鍋に牛乳を入れて火にかけ、棚の奥から紅茶の茶葉を取り出します。ふつふつと牛乳が煮立ってきたら鍋に茶葉をひとつまみ入れて火を止めます。一息ついてから、茶漉しを通してカップに注ぐと、ほかほかのミルクティーのでき上がりです。

　熱々のミルクティーのカップを両手で包み、カップで指先をあたためながらエミはまたカウンターの席に座り、ふたたびノートに向かいます。

「SWOT分析ができたら、これで終わっちゃダメだって星さんが言ってた。クロス分析をするんだよね」

第6章　クロス SWOT 分析で「弱み」を「強み」に変える　**111**

エミは自分に言い聞かせるように、ノートのページをめくります。

「SWOT分析でリストアップしたワーグナーの＜強み＞＜弱み＞、
そして＜機会＞＜脅威＞をそれぞれ掛け算をしてどんな取り組みが
できるかを考えていくこと、これがクロスSWOT分析です」

エミは星さんの話の続きを思い出します。
「SWOT分析はその一歩先のクロスSWOT分析までやるからこそ
意味があります。
　＜機会＞と＜強み＞を両方生かすには？　と考えると積極的な攻
めの施策が思いつきます。
　反対に、＜弱み＞を＜機会＞でポジティブに転換するには？　と
考えると、＜弱み＞を＜弱み＞で終わらせない、弱点を埋める施策
が生まれるんです」

エミはミルクティーをぐいと飲み干し、星さんが言っていたこと
を一言一句思い出そうとします。

「＜脅威＞はワーグナーだけでなく、他のお店にとっても＜脅威＞
であることが往々にしてあります。
　つまり、＜脅威＞に＜強み＞を掛けた施策を考えることができれ
ば、他社をぐっと引き離す差別化戦略になるのです。
　＜弱み＞と＜脅威＞の掛け算からは、リスクを想定した防衛策を
検討できます。閉店、撤退という選択肢も、短期的には苦渋の決断
となっても、長期的には英断になることもありますから」

星さんの説明を思い出しながら、クロス SWOT の表を埋めてい
くと…エミは2つのキーワードが浮かび上がって見えてきました。
　ひとつ目のキーワードは「ストーリー」という言葉、2つ目のキー
ワードは「お客さんが主役」という言葉です。
　ワーグナーにはレコードを愛するおじいちゃんが始め、孫のエミ
が受け継いだお店というストーリーがあります。これは大手のフラ

ワーグナーのクロス分析

		内部環境	
		プラス要素〈強み〉	マイナス要素〈弱み〉
		・いつもレコードをかけている ・お客さんのレコードも含め、レコードリストが多い ・先代おじいちゃんから受け継いだストーリーがある ・おばあちゃんの手作りケーキ ・お客さんとの距離が近い	・郊外に1店舗だけで知名度が低い ・仕入れ体力が弱い ・席数が限られている ・店主エミの音楽専門性が低い（おじいちゃんほどの知識がない）
外部環境	プラス要素〈機会〉 ・レコードの再ブーム（若手アーティストもLP版を発売） ・本物志向 ・SNSが年代幅広く普及 ・カフェの利用ニーズが高まっている（ノマドワーカー、起業ブーム etc）	〈 積極的な施策 〉 ・顔が見えるストーリーある情報発信 ・レコード好きのお客さんが主役になれる企画の実行 ・仕事などの長時間滞在のお客さん向けのアップセル商品（例　お代わりコーヒー、追加おやつセット）	〈 弱点の強化策 〉 ・音楽紹介は詳しいお客さんに任せる ・音楽雑誌や音楽コミュニティとも連携 ・お客さんがワーグナーをSNSでご紹介いただけるような仕掛けを増やす
	マイナス要素〈脅威〉 ・機材などを仕入れる資金力があれば、どこのお店でもレコードを流せる ・チェーン店は資金で都内に他店展開できるため、知名度が高い ・スタッフが多く、お客さんを待たせない ・コンビニコーヒーなどの低価格化	〈 差別化の施策 〉 ・店内でゆっくり過ごしてもらえるよう、手軽さより居心地の良さをPR（ソファや揺り椅子を入れたい！） ・地元食材の利用（農家さんのお友達に連絡） ・地元メディアへのPR（同級生のMちゃんに連絡） ・おばあちゃんの手作りスイーツの「安全・安心」PR（おばあちゃんがお菓子を作っているところを動画配信）	〈 防衛・撤退 〉 ・レコードがただ聴けるだけではない ・アルバイトの採用・教育を開始

ンチャイズコーヒー店には、出しづらい要素です。

　しかも SNS 時代といえる現代では、自分で自分のストーリーを発信するツールも環境も整っています。

　「顔が見える、ワーグナーのストーリーが伝わる情報発信」は積極的施策の大きな柱になるなとエミは気付きました。

　また、エミはおじいちゃんほどには、音楽に詳しくないことが自分の＜弱み＞だと思っていました。でもワーグナーには、アーティスト名やレコード機材の扱いに詳しいお客さんがたくさんいます。

　「私がその人たち以上に知識をつけようとしなくてもいいじゃない？　詳しいお客さんが、私のかわりにその音楽のことを語ってくれる“場”を作ればいいんじゃない？」

　エミが＜弱点＞だと思っていたことが、積極的な施策アイデアになった瞬間でした。クロス SWOT で出てきたアイデアを、すぐに実行に移せそうなものから並び直し、優先順位をつけていきます。

　そろそろ帰ろうかなと思った時には、もう時間は 22 時。一日中アタマをフル回転させたエミは、疲れながらも心はスッキリ。「じゃあ、どうする？」と建設的に施策を考えることは、漠然と恐れているよりよほど気が軽くなります。

　ひとりでも多くのお客さんにワーグナーでの時間を大切に過ごしてほしい、そのためにやれることはまだまだある。

　エミはこれからの可能性にまたワクワクと気持ちが踊るのを感じました。

マーケティング授業 6限目 マーケティングの罠、コモディティ化の恐ろしさ

他社追随によるオンリーワンの陳腐化

　コモディティとはもともと「日用品」「消耗品」を意味する言葉です。日々消費する洗剤やティッシュペーパー、ラップ、毎日食べるお米などが、コモディティです。

　コモディティは、商品ごとの違いがわかりにくいものでもあります。たとえば、洗剤の場合、洗剤の基本の機能である「汚れが落ちるか」という点で選ぶ消費者は、今やほとんどいないでしょう。なぜなら、洗剤で汚れが落ちるのは当たり前だからです。

　成熟した社会ではコモディティ商品はどの企業でも、機能の良し悪しに大きな違いはありません。結果、**消費者に商品ごとの違いを打ち出しにくい状況が生まれます。**

　ここからコトラーは、**最初はオンリーワンだった商品・サービスが、競合他社も同様の商品・サービスを打ち出し一般化してしまう状況を「コモディティ化」**と呼びました。

　日用品や消耗品以外でも、ホテルや飲食店などサービス業でもコモディティ化は起こります。せっかく新規事業に人材や資金を投資をして新商品を出しても、コモディティ化してしまったら意味がありません。特徴がわかりにくい似た商品が横並びすれば、お客様もどれを選んだらいいのかわからなくなってしまいます。

　なぜコモディティ化が起こってしまうのでしょうか？　その理由

には大きく分けて 2 つのケースがあります。

　ひとつは、打ち出した商品が他社も参画しやすいアイデアの場合。レコードも機材さえ追加すれば、基本的に誰でも導入することができますね。このように参入障壁が低ければ、コモディティ化はしやすくなります。

　もうひとつは、顧客の声を聞きすぎて商品開発を行うケースです。顧客が求めるものばかりを追求していくと、皆同じ商品になる傾向があります。コモディティ化を避けるために、自社スタートの 3C 分析を重視する、と 40 ページでお話しましたね。

コモディティ化を打破した星野リゾート「トマム」の例

　コモディティ化に立ち向かった事例として、著者が星野リゾートで担当した北海道のリゾート、トマムの雲海テラスを紹介しましょう。2005 年に星野リゾートが運営に入ったトマムですが、トマムはスキーリゾートだったので、お客様がたくさん来るのは冬のスキーシーズン。つまり夏は、お客様に楽しんでもらえる魅力がないことが長年の悩みでした。

　運営開始当時、星野代表がスタッフに問いかけました。「夏のトマムだからこそ、お客様に楽しんでもらえるものはないだろうか？」と。その問いかけに、地元出身のスタッフが、夏の早朝、山の上で雲海を見ながらコーヒーを飲めたら喜んでもらえるのでは？　と思いつきました。こうして生まれたのが雲海テラスです。

　時間帯によっては、朝日で雲海はオレンジに染まります。それはもうこの世とは思えない絶景。トマムの雲海テラスは大ヒットして、

年間 13 万人が訪れる人気スポットに成長しました。

　ところが雲海は、標高が高い場所に行けば日本中多くの場所で見ることができるもの。他社のスキーリゾートも、雲海を見るための夏の早朝ゴンドラ営業を始めます。旅行雑誌も雲海特集を組み、トマムの雲海テラスも横並びに掲載されようとしていました。

　トマムの雲海テラスが成功したからこそ、競合他社も真似て同様の企画を打ち出したのです。しかし、旅行雑誌などで並べて紹介されれば、お客様から見たらどこが先発・後発かもわかりません。雲海テラスもコモディティ化が始まってしまったのです。

　コモディティ化が起こってしまったとき、進む道は大きく3パターンあります。

---

1. 他社の類似企画に埋もれて縮小してしまう
2. また別の新しい商品づくりに力を入れる
3. 今の商品を進化させてコモディティ化から飛び抜ける

　トマムが選んだ道は、3。「雲海テラスで、北海道の大自然をお客様に体感してもらう」という目的のために、雲海テラスをとことん進化させることでした。

　気象データを基にした雲海予報、どうしてトマムで見られるのかを解説する雲海ガイド、雲海露天風呂、雲海ヨガ、ユニークな新テラス…。毎年新しい企画を作り、雲海テラスを始めたときのストーリーを今も大切に語り継いでいます。

　雲海といえばトマム、という立ち位置を目指して、トマムは現在進行形でずっと進化し続けているのです。

6限目　マーケティングの罠、コモディティ化の恐ろしさ　117

コモディティ化を打破する SWOT分析・クロスSWOT分析

コモディティ化を打破するための方法がSWOT分析とクロスSWOT分析です。**競合他社の中での自社の立ち位置を分析し、これからの具体的な取り組みを考えるために有効な分析法**です。

まず横2行、縦2列の表をつくり、それぞれ内部環境と外部環境、プラス要素とマイナス要素と記します。**内部環境とは、「自社」だけではないことが大切**です。それぞれ詳しく見てみましょう。

内部環境：
　自社（商品・サービス、ブランド、コネクション、資金調達力、歴史…）、取引先、業務提携先、既存顧客、リピーター顧客など

外部環境：
　競合他社、市場の動向、国内経済状況、世界経済状況など

プラス要素：自社から見てプラスのポイント

マイナス要素：自社から見てマイナスのポイント

これらの視点をクロスさせると、次のように整理されます。

自社の強み（Strength）　　= 内部環境のプラス要素
自社の弱み（Weakness）　= 内部環境のマイナス要素
機会（Opportunity）　　　= 外部環境の自社から見たプラス要素
脅威（Threat）　　　　　= 外部環境の自社から見たマイナス要素

ブランド
企業や商品に対し、顧客が想起するイメージ、言葉、感情など。企業側からどう想起してほしいかを定め、促す取組みがブランディング。

この4つをリストアップすることをSWOT分析と言います。SWOTはStrength、Weakness、Opportunity、Threatの4つの単語の頭文字を取った名称で、自社とその周りを取り巻く環境を広く俯瞰して分析できる手法ですが、ここで終わっては意味がありません。

さらにクロスし次の4つの側面から、具体的な取り組みや戦術を考えることができるのがSWOT分析の真髄です。

強み × 機会	→	**積極的施策**
弱み × 機会	→	**弱点強化策**
強み × 脅威	→	**差別化策**
弱み × 脅威	→	**防衛策・撤退**

▍SWOT分析は、クロスSWOT分析につなげてこそ意味がある

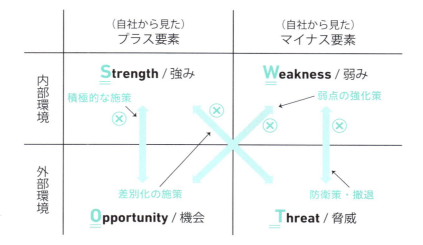

補講 コモディティ化を打破するSWOT分析・クロスSWOT分析

この分析法をクロスSWOT分析と言います。

SWOT 分析・クロス SWOT 分析のためには、客観的に他社のコンテンツを分析する必要があります。

先述の星野リゾートのトマムで筆者がコモディティ化に直面した当時、私もエミと同じように他社調査をしました。マーケティングチームのメンバーで、他社リゾートのゴンドラに乗り、レストランで食事…とお客様になったつもりで体験しました。

そうしてしっかり競合を見ると、他社の良いところも、さらに自社の良いところも見えてくるもの。**SWOT 分析・クロス SWOT 分析を行うときは、必ず自社・他社を客観的に把握する**ようにしてください。

▌クロス SWOT 分析の概略図

		内部環境	
		Strength / 強み	Weakness / 弱み
外部環境	Opportunity/ 機会	強み × 機会 〈積極的な施策〉	弱み × 機会 〈弱点の強化策〉
	Threat / 脅威	強み × 脅威 〈差別化の施策〉	弱み × 脅威 〈防衛・撤退〉

MARKETING BOOK

第7章

マーケティングに終わりなし 進化し続けるためのツール

マーケティング・ホイールで
未来に投資する

Marketing philosophy for customers

お客さんが主役になるお店にしよう！

「星さん、SIPSで「参加」に、クロスSWOT分析で"積極的な施策"で思いついたあの企画、ついに募集をスタートしたんですよ」

エミはニコニコしながら、いつものように午後のコーヒーを飲みに来た星さんに報告します。

「あの企画？ …もしかして、1DAY音楽コンダクター？」

エミは笑顔でうんうん頷きます。

エミが今日、ワーグナーのページにアップしたのは「1DAY音楽コンダクター」の応募フォーム。

お客さんの中から、週末の夜に曲を選曲してくれる人を募集する、というワーグナーの新企画です。エミはワーグナーの店主ですが、おじいちゃんやお客さんよりも音楽に詳しくないことを、ワーグナーの<弱み>だと思っていました。

一方で、お名前を知っているお客さんも多く、ワーグナーではお客さんとの距離が近いことが全国チェーンのカフェにはない<強み>だと気づきました。

それなら、音楽ファンのお客さんに音楽のことを話してもらおう！

「弱み」を「強み」に変える発想

この発想で、生まれたのが「1DAY音楽コンダクター」です。
「1DAY音楽コンダクター」はレコードは持ち込みでも、ワーグナー

memo　QRコード
商品管理に使われていたバーコードを、拡張するために開発された2次元コード。バーコードよりはるかに大きなデータ量を格納できる。

に置いてあるものでも、自由に選んでOK。お客さんが自分のテーマで選曲をし、その曲やアーティストの知識を話してもらったり、自分の思い出話をしてもらおうとエミは考えました。

　コンダクターとは指揮者のこと。ワーグナーの店名が音楽家リヒャルト・ワーグナーの名前から付けられているので、オーケストラの指揮者を意味する「コンダクター」と名付けました。

　この企画は、**コンダクターのお客さんが、お客さん自身のSNSやお友達にワーグナーのことをもっと紹介しやすくなるように、**と意図しています。

　カウンターの横にも、さりげなく小さなポップを作りました。ポップの端っこには応募フォームに飛ぶQRコードをつけてあり、興味を持ったお客さんはスマホから詳細を見て、その場で応募ができます。この「1DAY音楽コンダクター」の企画はプレスリリースにまとめて、プレスリリースの無料配信サイトにも載せます。

　エミは嬉々として、星さんに構想を話します。

「最初のコンダクターはまずよく知っているお客さんにやっていただいて、そのレポートや写真をアップできれば、興味を持ってくださる方がさらに増えると思うんです」

　星さんはにっこり笑って、言います。

「それがいいと思います。おもしろそう！と即行動する衝動タイプのお客さんもいれ

POP君
近所の印刷屋、株式会社シミズ印刷のエスプリコート紙でプリントアウト。

第7章　マーケティングに終わりなし　進化し続けるためのツール　123

ば、興味があっても実際の様子を見てから動く、慎重派のお客さんもいますからね」
「ですよね！ なので、第1回はランチによく来てくれる、ライターのカナメさんにお願いしたんです」
「いいですね〜」
「ぜひ星さんもその日の夜はワーグナーに来てくださいね！」
　もちろんですよ、と星さんはいつもの笑みを浮かべて言いました。

大盛況に終わった「1DAY 音楽コンダクター」

　イチョウ並木が、夕陽で黄金色に輝く頃。
　エミは17時からの夜営業に向けて、そわそわしながら料理や飲み物を準備しています。店内ではカナメさんが鼻歌を歌いながら、レコードを揃えています。
　今夜はワーグナーの新企画、「1DAY 音楽コンダクター」の初開催日！　お客さんが喜んでくれるのか、そもそもお客さんは来店してくださるのか…エミはドキドキしています。

　17時になりました。「1DAY 音楽コンダクター」のスタート時間です。しかし、お客さんはまだ誰も来ていません。「まぁまだこんな時間だしね。ゆっくり始めよっかー」カナメさんが明るい声で、一枚目のレコードをかけてくれました。

「私ね、新聞記者になりたい！　と思って大学を5校受けたんだけど、第5志望の大学しか受からなかったの。その学校に入ったんだ

マイルス・デイビス
「ジャズの帝王」の異名を持つ、20世紀を代表するジャズトランペット奏者。ジャズにとらわれず幅広いジャンルで名曲を残した。

けど、どうも大学がつまんなくてさー。
　たまたま入った新宿のジャズ喫茶にハマっちゃって、学校の代わりに昼間から毎日地下のお店に通ったんだ。3ヶ月くらい経った頃に、マスターが声かけてくれたんだよね。そんなに毎日来るならバイトしなよって。
　最初はコーヒー淹れるだけでいっぱいいっぱいだったけど、お客さんたちにマイルス・デイビスから教えてもらってね。半年くらいで選曲もさせてもらえるようになったんだよね。楽しかったなぁ〜」
　いつもバリバリ仕事しているカナメさんにも、そんな時代があったんだ。カウンターに並んだカナメさんが話してくれる思い出話に、エミはいつの間にか聴き入ってしまいましたが、ふと醒めると心臓をワシ掴みにされたように怖くなりました。
「このままお客さんが入らなかったら、どうしよう…」

18時になりました。

からんからーん。扉から顔をのぞかせたのはマサルくんです。
「あれ。ぼくが一番乗りなんだ！」
カウンターの一番壁際の席にちょこんと座ります。
「今日はめっちゃ楽しみです！　シンジ、あ、友達も呼んでいて…」
マサルくんが言い終わらないうちに、からんからーんとふたたび扉が開き、シンジくんが続けて入ってきました。

そして時計が20時をまわった頃。

店内の椅子はすべて埋まっていました!

マサルくん、アキちゃん、ヒカリさん、そして星さん。いつものメンバーはもちろん、お久しぶりな方、初めての方、マサルくんた

ちが来たあとは、続々とお客さんが訪れ、ワーグナーは大盛況！

　みんな、思い思いのグラスを傾けながら、この日の「1DAY音楽コンダクター」カナメさんが選ぶ曲と、彼女の話に聞き入っています。

「それでは今日最後の一枚を、かけたいと思います。学生時代にバイトしていたジャズ喫茶DUGを辞める時、マスターがレコードを一枚プレゼントしてくれたんです。

　マスターもいろんなご苦労されながらお店を続けてきた方なので、このレコードのジャケットを見るだけで、またがんばるか、って思えたんです。その、マスターがプレゼントをしてくれたレコードを、久しぶりに皆さんと一緒に、聴きたいと思います。ビリー・ホリデー、All of Me」

　拍手の中、スピーカーからAll of Me が流れはじめます。しんと静かに聴き終わると…ワーグナーは割れるような拍手で包まれました。

「今日は本当に来て良かったです！」

「僕もコンダクターをやりたいです！」

　エミは熱くなったお客さんの対応で閉店までてんやわんや。星さんはその様子をニコニコ眺めていました。

「レコードでつながるカフェ」

　ワーグナーはこの立ち位置で突き抜けられる！

　エミも星さんも、そう確信した夜でした。

ワーグナーは、レコードを通じた新しい交流の場に

からんからん。

大盛況に終わった「1DAY音楽コンダクター」から数日後、星さんがお店に来たので、エミはゴムまりのようにスキップしてかけよりました。

「ここまでの分析法で、ワーグナーはこんな方向で行きたいっていうコンセプトをまとめました」エミは紙ナプキンを手に取り、書き込んでいきます。そのエミの様子は、まるで星さんのようです。

☆「ワーグナー」のコンセプト
・20〜30代の本物志向の働く女性が理想のお客様像
・おじいちゃんが愛したレコードで、癒しのひとときを提供
★このコンセプトから生まれた企画
・ワーグナーの棚からレコードを選ぶ「リクエスト」
・お客様のレコードをワーグナーで聴く「持ち込み」
・音楽の夢を持つ女性を応援する「コンサート」
・夜の選曲をまるっとお任せ「1DAY音楽コンダクター」

「うん、これはいいですね。コンセプトが決まると、お店の方向性で迷ったときのコンパスになるんですよ」

どの企画でも大事にしていることは、ワーグナーとお客さんの距離を縮め、お客さんにワーグナーに「参加」してもらうこと。ただお金を払って、ランチを食べてコーヒーを飲むだけで終わらない。

レコードを通じた新しい交流の場に、ワーグナーは変化しようとしています。

「星さん、もうひとつご報告があるんです」

「ん？　どうしました？」

「やっとワーグナーも軌道に乗ってきたんです。リニューアルから3ヶ月続けて、ちゃんと黒字になりました。たくさんアドバイスくださった星さんのおかげです」

　エミは報告ができた嬉しさと、この1年の変化にエミ自身がおどろいています。「ワーグナーは続けていけないかも」と思った日のことが、遠い昔のように感じます。

「それは本当に良かった！　エミさんが頑張ったからですよ。おめでとう！」星さんがコーヒーカップで、乾杯の仕草をします。

「マーケティングは、売らずに売れる状況を作ることなんです。うまくマーケティングが機能していれば、お客さんは喜んで買ってくれて、リピートと紹介でお客さんが増えていく。値下げ競争にも巻き込まれず、売り手が売りたい価格で売れるので利益が出る。お客さんも、お店の人も幸せになるサイクルが生まれるんですよね」

　星さんはいつも以上にニコニコ、嬉しそうです。

マーケティングの"終わり"は次の"はじまり"

「そうしたらここでもうひとつ、エミさんに伝えておきたいことがあります。マーケティングの終わりってなんだと思いますか？」

「終わり？」

「3ヶ月連続黒字になって利益が出たらゴールですか？」

「いいえ、そんなことはないです。ゴール？　ゴール？…お店を続ける限り、ゴールって無いような気がします」

「正解！　エミさん、そうなんです。ビジネスが続く限り、マーケティングは続きます。図にするなら、車輪のイメージです」

　星さんはカウンターに置いてあった紙ナプキンを取り、ペンを走らせます。車輪のように円を描き、円の中に<商品企画><露出><集客・販売><価値提供><顧客満足><利益><投資>と書いていきます。

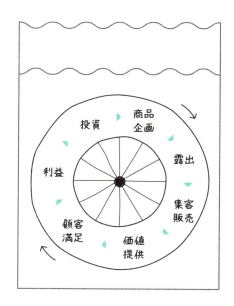

「商品や企画をつくってメディアやSNSに露出し、知ってもらって、お客さんが来店・購入する。満足してもらえる価値を提供すれば、利益が出る。利益が出たら、それをまた事業に投資する。その

価値提供
商品・サービスからお客様が受け取るメリット全て。売り手の意図や想定とは、異なる場合も多い。

投資が新しい商品や企画を生み、露出のタネになり、新しいお客さんにワーグナーのことを伝えるキッカケになります。

　だからエミさん、**利益が出たら投資になるよう、そのお金を動かしてください**。新しいレコードを入れることも投資。お店の家具を変えることも投資。将来また何かマイナスの事態が起きたときのために貯蓄をすることも将来のための投資です。また、スタッフを育成することも大切な投資なんです。

　これを**マーケティング・ホイール**と言います。ビジネスは継続することに価値がある。そのためにはマーケティング・ホイールを回し続けるんです。そしてできることなら、少しずつホイールを大きくしていくことを目指してください。そうやって終わりが次のはじまりとなるよう、ぐるぐるとマーケティング・ホイールを回していくと、レコードでお客さんに癒しの時間を提供する、理想の喫茶店ワーグナーに向かってどんどん進化していきますよ」

　おっとこんな時間か、今月〆キリなんで、そろそろ帰りますね、そう言い残して星さんは帰って行きました。

「〆キリって何のことだろう」そう思いながら、エミは星さんのカップを下げました。

　その日の夕方、エミは片付けをしながら星さんの話を思い出します。

「マーケティング・ホイール」

　エミは頭の中でつぶやきます。

　今だったら何に投資をするだろう？　エミはさらにワーグナーが変化していきそうで、ワクワクしてきました。

第 7 章　マーケティングに終わりなし　進化し続けるためのツール　**131**

利益は未来のお客さんへのギフト

人材に投資する

　利益が出たら投資をする、という星さんのアドバイスのもと、エミがまず決断したことは、スタッフを雇い育成することでした。

　はじめにエミは、お払い箱にしてしまったサガミさんに、頭を下げてカムバックしてもらいました。サガミさんには、お店のきりもりをしてもらいながら、創業当時の物語を語り継いでいってもらいます。

瀧口由香（20）
ヒカリの投げ銭ライブで間違えて、なんとなくお守り代わりにしていた、ギザ十を投げてしまったが「それはそれでヒカリさんのためになる」とすぐ思いなおせる切替力の持ち主。

　からんからーん。
　喫茶店ワーグナーの木製の扉の上につけている鐘が、今日も店内に優しく響きます。
「いらっしゃいませー」
　鐘の音がなると、いつもの通り、明るいエミの声。そして今週から、パートとしてワーグナーで働くようになったユカちゃんの声も重なります。
「エミさん、ランチのオムライスセット２つ、オーダーいただきました〜！」
　パート募集の張り紙を置いたところ、真っ先に連絡をくれたのがユカちゃん。大学生のユカちゃんはシンガーソングライター　ヒカリさんの大ファン。ヒカリさんの投げ銭ライブでワーグナーに来たのがエミとユカ

インディーズ音楽
メジャーなレコード会社ではない（主に日本では日本レコード協会に非加盟の）独立系レコード会社から発売される音楽作品のこと。

ちゃんの出会いでした。音楽はメジャーからインディーズ、クラシックから流行歌と興味が広く、何事にも行動的なユカちゃんは、エミにとっては心強い存在です。

「店内の居心地」に投資する

そしてその日の夕方。
「エミさん、椅子が届きましたよー！」
エミがもうひとつ、投資をしたのはワーグナーの家具でした。クロスSWOT分析では、「差別化」に位置していた企画です。ワーグナーでレコードの音を聴きながらリラックスした時間を過ごしてほしい、そのためにはもっと居心地の良い家具に変えたい！
そこでエミは、揺り椅子とふわふわのソファを店内の一角に置くことにしました。どちらも国産素材にこだわる岐阜の家具の工房に、特別にオーダーしたもの。ユカちゃんと一緒に梱包を外し、店内で

いちばん音が良く届くスペースに設置します。

　新しい家具のイメージは、昔のおじいちゃんの書斎です。小さい頃エミが書斎のドアを開けると、おじいちゃんが揺り椅子に揺られながらレコードを聴いていました。

　揺り椅子に座ったまま「エミか。一緒に聴くかい？」と振り向いてくれた、おじいちゃんの顔をエミは今もはっきりと覚えています。揺り椅子とソファの新しいスペースは、早速ワーグナーの人気スペースになりました。

未来のお客さんのために、今、伝えるべきことは何？

綾野千明（32）
映画『ボヘミアン・ラプソディ』は"胸アツ上映"にも足を運んだほど好きだが、1DAY音楽コンダクターでQueenはかけないつもり。

　トゥルルルル、トゥルルルル…。

　午後のランチタイムの片付けをしていた頃、ワーグナーの電話が鳴りました。ユカちゃんが受話器を取ります。

　「もしもしワーグナーです。プレスリリース？…代わります、お待ちくださいっ！」

　ユカちゃんが慌てて、受話器を置きます

　「エミさん、電話です。Premiumの方から！」

　雑誌 Premium はエミもアキちゃんも大好きな、おしゃれなオトナ女性のためのライフスタイル誌。いつか、取材されてみたいと思っていた雑誌です。

　「1DAY音楽コンダクターのプレスリリー

スを拝見しまして、お電話させていただきました。ミュージシャンのAYAさんのコーナーがありまして、AYAさんがお父さんのレコードを持って来店するという企画にしたいんです。取材できれば有り難いのですが、ご都合はいかがでしょうか？」
　憧れの雑誌、しかもエミも大好きなミュージシャンが来る。
「少々お待ちください！」
　段取りを決めて、担当さんが電話を切ります。
　ユカちゃーん！
　エミさーーん！
　ふたりは抱き合って大喜び！　エミは、この取材記事を見た未来のお客さんがワーグナーに来店するまでの動線モデルを想像します。
　ワーグナーに行きたい、とお客さんに思ってもらうため、今回の取材で伝えるべきことは何だろう？
　エミのアタマはマーケティング志向でフル回転をはじめました。

マーケティング・ホイールで、進化し続ける

「売らずに売れる状態」をつくるための考え方のツールとして、3C、4P、STP、SIPS、SWOT分析などをお伝えしてきました。

では、集客や売上アップができれば、マーケティングは終了なのかと言うとそうではありません。

星さんがエミに語ったように、マーケティングには「ここまでいけばお終い」というゴールがなく、ビジネスを続ける限りマーケティングも続けていくものです。

このマーケティングの継続的な取り組みを、自転車の車輪に例えてみましょう。**商品企画→露出→集客・販売→価値提供→顧客満足→利益→投資→次の商品企画**…と常にぐるぐると回していくイメージ、これが**マーケティング・ホイール**です。

そうやってマーケティング・ホイールを回していくことで、ビジネスは「進化」していきます。

100％理想のカタチでなくても、どんなに小さな企画でも、まずは販売してみて、お客様のご感想を集め、年々進化させていく。

進化をするから、「どう変化をしたのか」という情報をメディアに提供し続けられ、露出機会を得られる。

進化をするから、お客様を飽きさせることなく、リピーターやご紹介を呼び込むことができる。

そしてこの進化を生み出すしくみが、マーケティング・ホイール

なのです。

　マーケティングは自転車に似ています。**最初に漕ぎ始めたときには力が要りますが、何度か繰り返すうちにパターンができ、応用もできるようになり、どんどんラクに回せる**ようになります。

　マーケティングで「売らずに売れる状況」を創り出し、常に進化し続ければ、より多くのお客様にあなたの商品・サービスが届くようになるでしょう。

▍ビジネスと同様、マーケティングも継続することに価値がある

7限目　マーケティング・ホイールで、進化し続ける　137

EPILOGUE

マーケティング次第で、
同じモノでも売れ方は天地の差

　からんからーん。
　手作りのクリスマスリースがかかったワーグナーの扉が開きます。
「いらっしゃいませー。あれ、星さん？」
　星さんが珍しく、ひとりではなく、同年代の男性とワーグナーに入ってきました。
「エミさん、紹介します。こちら、高校からの友人なんですよ。この後久しぶりに食事することになって、その前にワーグナーに行きたいって言うので連れてきました」
「はじめまして、セガワです」
「はじめまして、エミです。ようこそいらっしゃいました」
　カウンターに2人並んで座り、コーヒーをオーダーします。
　今日のレコードは、定番のクリスマスソンを集めた一枚。1960年代の発売ですが、ジャジーなサウンドに、聴いているだけでクリスマスのウキウキ感が高まります。
　ジャケットに描かれたクリスマスツリーとスヌーピーのデザインは、エミのお気に入り。12月に入ってからエミは毎日1回はこのレコードをかけています。

瀬川邦成（39）
星とは高校時代からの悪友。カラオケで吉幾三の曲を入れて、イヤがる星に歌わせるのが好きだったが、そろそろ40歳だし、そういうノリは止めようと思っている。

星さんの正体、ついに明かされる

　エミはカウンターに2つカップを並べ、その横でコーヒーサーバーにドリッパーを置き、朝挽いたコーヒー豆を入れます。
　コポコポコポ…。
　ゆっくりとお湯を回し入れると、コーヒーの香りがふんわりとカウンターを満たします。今月の季節のスイーツ、おばあちゃんのガトーショコラを味見用に1口大にカットし、2人の前に置きます。
「これが星がよく言っていた、先生のコーヒーかぁ。先生がいらっしゃる頃に来たかったなぁ」
　カップを片手に、セガワさんがつぶやきます。
「だから言ったじゃないか。あんなに誘ったのに」
　と星さんが苦笑い。
「うちの吹奏楽部の顧問として、土日もよく引率とかしてくれたんだよなぁ。自分が働くようになると、休日返上で部活に来てくれるっ

てすごいことだと思うよ」

とセガワさん。

ふたりが懐かしそうに話すのを聞きながら、エミは目を白黒させます。

「…先生？　もしかして、おじいちゃんのことですか？」

エミは思わず聞き返します。

おじいちゃんはもともと高校の英語の先生でした。早期退職をして、ワーグナーを開いたのが18年前。セガワさんがおじいちゃんが先生をしていた頃の学校の生徒さんで、セガワさんと星さんが高校の同級生ということは…。

「星さん、おじいちゃんの教え子だったんですか？」

びっくりしてエミの声が裏返ります。

「そうですよ。あれ？　僕、言わなかったっけ？」

昔からの常連さん、とだけ思っていたエミはびっくり。まさかおじいちゃんが教えた生徒だったなんて！

「先生には本当にお世話になったからね。英語が苦手だった僕がアメリカの大学に留学できたのは、先生のおかげですよ」

「だからあんなに…いっぱい教えてくださったんですね」

エミにマーケティングのことをイチから教えてくれて、ワーグナーの立て直しに協力してくれた星さん。もしかしたらおじいちゃんが出会わせてくれたのかも、とエミは思いました。

弱者が強者に立ち向かうためのマーケティング

「そして今は、売れっ子コンサルタントだもんなぁ。4月に本の発

売日も決まったしね」

　セガワさんが星さんの肩をポンと叩きます。エミはそれを聞いてさらに驚きます。

「星さんがシュッパン！　どんな本を書くのですか？」

「マーケティングの入門書なんですよ」

「え？　マーケティング入門？…どんな内容なんですか？」

　エミの質問に、星さんがちょっと言いにくそうに答えます。

「えっとですね…つぶれかけた喫茶店が、マーケティングを実践することで、業績を回復させていくストーリーです」

　はて？　エミは理解するのに、時間がかかりました。

「その喫茶店ってもしかして…」

「モデルがあると原稿が進みまして」

　これが見本なんです、と星さんがエミにできたての本を渡してくれました。

　ネズミさんがゾウさんに立ち向かってる可愛い表紙。タイトルには『弱者でも勝てる　モノの売り方』と記されています。

「星さんてなんて優しい人なんだろうと思っていたのに！　"弱者"って私？　ワーグナーをネタに本を書いていたなんてー！　ひどーーい！」

　アハハハハ…エミたちの笑い声に、他のテーブルにいたお客さんたちもカウンターに集まってきました。

**『弱者でも勝てる
モノの売り方』**

正式タイトルは、このあとに「お金をかけずに売上を上げるマーケティング入門」と続くやや長めのタイトル。

「なになに？ ワーグナーの本？」
「見せて見せて〜」
　エミのそしてお客さんの、ワーグナーでの楽しい時間はまだまだ続きそうです。

　時は流れ、また春がめぐってきました。
　からんからーん。
　今日もワーグナーの扉が開くと、エミたちの明るい声とレコードの優しい音がお客さんをむかえます。
「いらっしゃいませー！」
　一年前はさみしかった桜の花も、今年はこれまでにないくらい見事に咲き誇っています。

おしまい

おわりに
価値ある商品をお客様に届けるために

　最後になりましたがここで、私にマーケティングの魅力を教えてくださった3名の方に感謝申し上げます。星野リゾートの星野佳路代表、トマムのマーケティングユニットの相内学ディレクター、そして一社目に勤めた株式会社エステムでご指導くださった森英毅営業企画部長。

　皆さまの背中から学ばせていただいたことが、この本を生み出し、私の独立後のビジネスを支えてくださいました。この場をお借りしまして、心よりお礼申し上げます。そして、本書をここまで読んでくださった読者の方、本当にありがとうございます。

　皆さんの想いがこもった商品が、広くお客様に届き、社会がより豊かに変わっていくことを願って、ペンを置かせていただきます。

本書を読んだあとはペンを持ってノートを広げて、あなたのビジネスだったら？　とぜひぜひ考えてみてください。そして、もっともっとマーケティングを学びたい方へ、本書で書ききれなかった事例豊富な動画のプレゼントをご用意しております。

詳しくはこちらから！　>>　https://bit.ly/2IUwOKs

もしくはこちらから！　>>

※本特典の提供は予告なく終了することがございます。また、提供は著者個人のものであり、書店さま・図書館さまと一切関係がございません。ご不明な点がございましたら、info@kimono-strategy.com までお問い合わせください。

上杉 惠理子（うえすぎ・えりこ）

マーケティング戦略コンサルタント。「子どもでも理解できて、誰でも実践できるマーケティング」がモットー。
法政大学社会学部、一橋大学大学院社会学研究科修了後、環境創造企業 株式会社エステムでの営業企画部勤務を経て、星野リゾートに入社。星野佳路代表のマーケティング志向に感銘を受け、日本各地の地域魅力を発信する観光業のミッションとマーケティングの面白さにのめり込む。東日本大震災後、業績の回復を目指していた北海道のスノーリゾート「トマム」のマーケティング部門に勤務し、トマムV字回復の一役を担う。
大の着物好きで、独立後は「和装イメージコンサルタント」としても活躍。現代だからこその和装の価値を伝えるべく『和創塾 ～きもので魅せる もうひとりの自分～』を開設、マーケティングを武器に、顧客の支持を得ながら順調に売上を伸ばしている。

○企画協力　ネクストサービス株式会社（代表 松尾昭仁）

弱者でも勝てる モノの売り方
お金をかけずに売上を上げるマーケティング入門

2019年4月22日　　初版発行

著　者　　上　杉　惠理子

発行者　　常　塚　嘉　明

発行所　　株式会社　ぱる出版

〒160-0011　　東京都新宿区若葉1-9-16
03(3353)2835―代表　03(3353)2826―FAX
03(3353)3679―編集
振替　東京 00100-3-131586
印刷・製本　中央精版印刷㈱

© 2019　Eriko Uesugi

落丁・乱丁本は、お取り替えいたします

Printed in Japan

ISBN978-4-8272-1169-6　C0034